高校体育教学设计与模式创新实践

张宝国◎著

吉林出版集团股份有限公司
全国百佳图书出版单位

图书在版编目（CIP）数据

高校体育教学设计与模式创新实践 / 张宝国著 . 长春 : 吉林出版集团股份有限公司 , 2024. 12. -- ISBN 978-7-5731-6108-6

Ⅰ . G807.4

中国国家版本馆 CIP 数据核字第 2024C9A880 号

高校体育教学设计与模式创新实践

GAOXIAO TIYU JIAOXUE SHEJI YU MOSHI CHUANGXIN SHIJIAN

著　　者　张宝国
责任编辑　李　娇
封面设计　谢婉莹
开　　本　710mm × 1000mm　　1/16
字　　数　240 千
印　　张　12.5
版　　次　2024 年 12 月第 1 版
印　　次　2024 年 12 月第 1 次印刷
印　　刷　天津和萱印刷有限公司

出　　版　吉林出版集团股份有限公司
发　　行　吉林出版集团股份有限公司
地　　址　吉林省长春市福祉大路 5788 号
邮　　编　130000
电　　话　0431-81629968
邮　　箱　11915286@qq.com
书　　号　ISBN 978-7-5731-6108-6
定　　价　72.00 元

前 言

体育教学是一项系统、复杂的工程，它涉及教师行为、学生行为、教学内容、教学媒体、学习环境等多种因素。为了实现既定的教学目标，提高教学效果，教师必须全面审视体育教学活动过程，从多方面、多元化角度把握教学实态，对体育教学的实际问题做出反应并提出解决对策。体育教学设计是关系体育教学质量和学生发展的一项重要内容，是解决体育教学实际问题的一项基本对策。在体育教学深入发展的今天，讨论体育教学发展必然绕不开体育教学设计这一内容，这是每一名体育教育工作者必须着重关注和研究的内容。

近年来，我国对体育教学模式的创新研究逐渐增多，与此同时，人们的体育教学观念、方法与思路也在日益变化。当前体育教育工作者应当做的就是，总结先进经验、理论以及实践成果，创新体育教学模式，促进体育教学的进一步发展。

本书第一章为高校体育教学要素与主体，分别介绍了高校体育教学内容、高校体育教学过程、高校体育教学目标、高校体育教学与学习主体四个方面的内容；第二章为高校体育教学设计的概念与理论，主要介绍了四个方面的内容，依次是高校体育教学设计定义与内涵、高校体育教学设计原则与要求、高校体育学习者与教学设计的关系、高校体育教学设计的理论基础；第三章为高校体育多元教学设计，分别介绍了三个方面的内容，依次是高校体育教学方法设计、高校体育微课教学设计、高校体育教学评价设计；第四章为高校体育教学模式改革与发展，依次介绍了高校体育教学模式的现状、高校体育教学模式的改革、高校体育教学模式的发展三个方面的内容；第五章为高校体育教学模式的创新实践，主要介绍了四个方面的内容，分别是游戏教学模式、程序教学模式、网络教学模式、俱乐部教学模式。

在撰写本书的过程中，作者参考了大量的学术文献，得到了许多专家、学者的帮助，在此表示真诚感谢。由于作者水平有限，书中难免有疏漏之处，希望广大读者与同行指正。

张宝国

2024 年 8 月

目 录

第一章　高校体育教学要素与主体

要想了解高校体育教学设计的相关问题，要先弄清楚高校体育教学的要素与主体是什么，本章即对高校体育教学要素与主体进行研究，分别介绍了高校体育教学内容、高校体育教学过程、高校体育教学目标、高校体育教学与学习主体四个方面的内容。

第一节　高校体育教学内容

高校体育教学内容是依据当前国家总的教育方针和社会对高校体育教学的需求选择出来的，根据对学生身体条件和学校教学条件的深入分析与研究，在高校体育教学环境下传授给学生的一种体育锻炼活动。

高校体育具体教学内容由高校体育教学内容的特征、高校体育教学内容的选择、高校体育教学内容的编排等要素组成。

一、高校体育教学内容的发展

高校体育教学内容和其他教育的内容一样，是随着社会和教育事业的不断发展而发展的。“从时代发展的角度考虑，教学内容理应顺应时代对核心素养培育的要求”[①]，但是，由于体育教育内容兴起的时间较晚，因此与其他学科教学内容相比，高校体育教学内容的形成和完善还处于发展阶段。作者根据多年对高校体育教学内容的研究，得出高校体育教学内容主要来源于以下几个方面：

（一）兵式体操

在古代时期，我国就出现了体育教学，但是，由于古代的人们受科举制度的影响，并未将体育作为一门学科进行培养。古代体育的主要形式是兵式体操，由国家的专门机构指导参加训练的士兵进行列队、射击、剑术等战术问题的操练。后来，兵式体操训练经过不断改进，制度不断优化，最终成为今天高校体育教学中的内容之一。

（二）游戏和竞技性体育运动

我国早在学校出现的时候，就有了游戏的内容，如早期的骑技比赛、蹴鞠等。在西方，随着市民对竞技运动游戏的兴趣不断增强，这种体育项目的发展日趋完善，最终成为一项正规的体育运动。工业革命以后，人们生活水平不断提高，英美的体育游戏也迅速发展成为一种近代的体育项目，如足球、篮球、

① 白新蕾．核心素养视阈下高校体育教学内容之审视与调整[J]．武术研究，2023，4（8）：131-134.

棒球等，而后传到世界各地，成为一种流行的运动项目，受到很多人的喜爱，并迅速地在各国的学校教育中开展。再加上这种类型的体育竞技活动具有很强的娱乐性，因此深受广大青少年的喜爱，最终演变成高校体育教学活动中的重要内容之一。

（三）武术和武道

古代的体育教学多是以武术教育的形式体现的，如今高校体育教学的内容也有一些具有军事针对性的武术内容。这种运动不仅可以强身健体，还能防身，因此这种运动教学迅速地成为当时流行的一种高校体育教学活动，这也构成了体育内容中“武术”和“武道”的基础。再加上这些运动在培养人的精神和意志方面有其他理论知识和教育学科所达不到的作用，因此，这种类型的体育活动深受人们的关注和喜爱。鉴于这种原因，由“武术”和“武道”为原型构成的运动项目成为高校体育教学中的一种正式的教学项目，并且受到很多国家的关注。

（四）舞蹈与韵律性运动

舞蹈是古代祭祀和举行各种隆重仪式时的一种较为常见的活动，也是从古至今人们最喜爱的活动之一。在社会发展的历程中，随处可以见到舞蹈的影子，研究各国文化发展的历史可以发现，舞蹈是世界上很多国家民族文化的重要组成部分，在民族文化的形成、民族间的交流之中占据着举足轻重的地位。舞蹈在传统舞蹈的基础上得到了改进和提升，形成了多样的民族舞蹈、体育舞蹈等。除了舞蹈，一些具有韵律性的运动，也因为很多体育爱好者追求美感和锻炼效果，逐渐登上体育锻炼的舞台。随着韵律体操不断创新和发展，又出现了艺术体操、健美操等。由于具有舞蹈性和韵律性，体操不仅能陶冶身心，并且在培养机体的美感和节奏感等方面也具有非常重要的作用。因此，舞蹈和韵律件的运动逐渐成为高校体育教学内容的重要组成部分。

二、高校体育教学内容结构的特征

（一）高校体育教学内容的内、外部结构

高校体育教学是一个系统。这个系统中有很多要素，要了解这个系统，认识其功能作用，不能只是进行元素分析或对元素进行功能分析，还要对其进行结构分析，对这个系统进行整体的功能分析，这样才能更好地认识整个系统，了解整个系统的功能作用。同理，要对高校体育教学系统进行改革，也不能仅依靠元素的更替，而是要调整和改革整个系统的结构。它主要包括两个部分，分别是内部结构和外部结构，保健性、竞技性、健身性都属于体育教学的固有属性，高校体育教学内容体系的内部结构就是指这几种固有属性及其体育教学的知识、技术、方法等所形成的结构；高校体育教学内容体系的外部结构就是指不同的体育项目（球类、田径等）按照其比例、分布搭建起来的结构。

（二）高校体育教学内容的层次结构

现在的高校体育教学内容是按照运动项目的技术形成发展顺序来安排的，以跳高为例子，在不同学段的体育教学中，它的教学顺序是从跨越式跳高到背越式跳高，这是竞技技术体系的展现，只表明了跳高技术发展的系统与层次。因此，在对高校体育教学内容进行教学的时候，还需要对其划分层次结构，这样才能更好地提高体育教学的质量和效率。

在对高校体育教学内容进行划分的时候，要遵循人类认识新事物的自然顺序和认知结构的组织顺序，使其符合人类认识规律，这样学生才能更好地学习它。高校体育教材要确保内容的科学性，要使之符合不同学段的内容衔接，符合青少年的身心发展规律和认识规律，教材的呈现要先整体后细节，先让学生了解体育整体概念的一般知识和运动方法，当学生脑海中有了体育的整体知识结构之后，再传授其专门的体育知识与技术手段，这样学生能够更好地学习，体育教师也能够更好地把握教学内容的深浅度，知晓在什么时候、在哪一个地方需要细致讲解，哪个地方大致讲解即可。

在高校体育教学过程中，其体育教学内容的层次性，能够从下面的三种层次性关系体现出来。以“跑”教学为例，分别讲述高校体育教学的一般性内容、基

础性内容和专门性内容。无论是哪一层次的体育教学内容，都包含理论知识和实践两部分。

一般性内容是指具有体育整体概念和包摄性的知识与运动方式。一般性内容教育的目的主要是使学生对“跑”的教学内容有一个大致了解和感性认识。在般性层次的内容中，“跑”教学的知识性内容包含“跑”的知识点与注意事项、“跑”的用途等等；“跑”教学的实践性内容包含各种形式的跑，比如曲线跑、前脚掌跑、直线跑等。

基础性内容是指具有较明确的概念和固定的知识与运动方式。基础性层次内容教育的目的是使学生了解不同类型跑的主要特征、在跑的训练中增强体质的方法、健身跑和竞技跑的区别等。在基础性层次的内容中，“跑”教学的知识性内容包含跑步的不同类型、不同跑步类型的功能与特定要求、不同跑步类型之间的区别等等。相比起一般性的实践内容，基础性层次内容的难度要更高，它的“跑”教学的实践性内容包含短跑、长跑、越野跑、障碍跑等。

专门性内容是指具有体育的具体概念原理和特定的知识与运动方式。专门性层次内容教育的目的是使学生能够准确掌握跑这项运动，提高技术水平，并能够对其进行自如运用，强身健体。在专门性层次的内容中，“跑”教学的知识性内容包含跑对人体作用的主要机理，竞技跑的规则、原理，健身跑的强度、跑步量、时间、自我监控、恢复等要求。“跑”教学的实践性内容包含对中长跑、短跑技术的练习，对健身跑练习的时间、强度、跑步量、自我监控与恢复等。

（三）高校体育教学内容的知识、方法、技术结构

在高校体育教学内容中，其三大主要因素就是知识、方法和技术。这三大因素都能够促进目标的实现，与其他二者相比，方法是促成高校体育目标实现的直接手段。因此，在高校体育教学过程中，方法占据着十分重要的地位，不可或缺。其中，局部纵向的知识、方法、技术结构应当与高校体育教学内容中的知识、方法和技术的总体结构保持一致。例如，田径项目的知识技术应当与其走、跑、跳、投等方式方法保持一致，以其方式方法为主，发挥知识技术的有效性，使二者相互作用，共同完成高校体育教学的总目标。

随着教育、体育以及社会需要的变化，高校体育教学目标也随之改变。而体

育教学的目标达成与体育教学内容的实施有关，因此，高校体育教学内容必须与之协调适应，使不同阶段的教学内容对应不同的教学目标。

从系统角度来看，高校体育教学内容结构是一个有机整体，各部分之间相互联系、相互作用、相互促进。因此，在研究高校体育教学内容的时候，不应着眼于内容本身的性质、特点、应用、价值等，而应该关注其结构，从结构出发进行体育教学内容的深入研究，并据此深入明晰教学内容的结构与功能的关系，根据结构功能的观点选排教学内容，更加全面地认识体育教学内容。要想发挥高校体育教学的整体功能，达成体育教学总目标，就必须将方式方法以及学生身心的健康发展作为体育教学内容的主干结构。

三、高校体育教学内容的选择

（一）高校体育教学内容选择的依据

1. 体育课程目标

对于实现体育课程目标来说，体育课程内容是手段而不是目的。体育课程目标的多元性以及体育运动项目和身体练习的可替代性，增加了体育课程内容选择与组织的多样性。因此，在选择体育课程内容时就应该依据一定的标准。体育课程目标是选择组织课程内容的主要依据，这是因为，体育课程目标作为编制体育课程各个阶段内容的先导和方向，作为对学习者的理想期望，是专家、学者、教师等经过周密思考，认真研究社会、学科、学生等不同方面的特点与需求后的结果。

2. 学生的需要

高校体育教学的目的在于促进学生身心的健康发展，这就要求在选择高校体育教学内容时，应充分考虑到学生的体育需要和兴趣，以增强学生的自主性为主，这对于有效的学习无疑是非常重要的。学习是一个主动的过程，这个过程需要学习者自身的积极努力。通常情况下，学习者对于自身感兴趣的事情学习欲望最大，此时就很容易参与其中，并收到成效。正如教育学家杜威所说，当学习是被迫的而不是从学习者真正的兴趣出发时，这种学习相对来讲是无效的。学生对于教学内容的接受程度是由学生的身心发展规律和特点决定的，因此，选择高校体育教学内容就需要根据学生的特点确定教学内容的深度、广度和难度。

3. 社会发展的需要

在高校教育中，高校体育教学说到底就是为学生未来的健康打基础，而学生的个体发展是不能脱离社会发展的，教师必须根据现实社会与未来社会的需要来进行高校体育教学内容的选择。体育内容的选择不可忽视未来公民适应社会发展所必需的体育素质，因此，高校体育教学内容要满足学生在身体、心理和社会适应能力等方面发展的需要。另外，只有将高校体育教学内容与学生和社会的生活紧密联系在一起，才能真正成为趣之所在、志之所向，从而实现它的功能，所以，课程内容的选择必须回归现实生活。

（二）高校体育教学内容选择的原则

要选择符合教学发展需要、目标针对性较强的高校体育教学内容，应先清楚以下几点原则：

1. 统一性原则

高校体育教学内容最终的服务对象是高校体育教学目标，因此教学内容与教学目标要统一，实际上就是指所选择的高校体育教学内容要有其相对应的高校体育教学目标。如，在体育课上要求学生进行一些诸如跑步、跳远等体育运动项目，实际上是为了增强学生的体能；让学生练习单脚站立，是为了提升学生的身体平衡能力；要求学生进行小组赛，是为了培养学生的团队合作能力等。在选择高校体育教学内容时，坚持教学内容与教学目标相统一的原则，一方面，能够保证所选教学内容的科学性、安全性，另一方面，对学生而言还具有很强的身体锻炼价值。

2. 科学性原则

高校体育教学内容选择的科学性原则，实际上就是指所选择的高校体育教学内容要有利于学生的身体发展，能够促进学生身体素质和运动技能的提高，同时所安排的教学内容要在学生的身体承受范围之内。在进行体育锻炼的过程中，不能出现有损学生健康的运动，如不根据学生身体发展的特点而对其实施超负荷的教学任务，导致学生身体的某项机能受到损害。所以，在对高校体育教学内容进行选择时应坚持科学性的原则，而坚持科学性原则必须做到两个方面：第一，能够促进学生身心健康的发展，有助于增强学生的身体运动能力；第二，保证教学环境和教学实施条件的安全性。

3. 可行性原则

可行性原则是教学内容选择的基础，是教学过程的基本要求，如果选择的教学内容不具有可行性，那么教学内容的选择就失去了意义。如，一个没有足球场地的学校，要加强学生的足球运动技能的培养，这种教学内容是不具备可行性的，因为场地限制了这项教学内容的顺利开展。即便有再完善的教学内容，如果没有教学场地和各种器材的支持，也不具备任何实用性的意义，都不应该被选中。

4. 趣味性原则

趣味性原则是指选择的教学内容要能激发学生的兴趣，能使更多的学生参与其中。例如，很多学生喜欢上篮球课，学生可以借助这项运动充分地展示自己的活力，并能在运动中感受到乐趣。从学生的角度来看，体育运动带来的乐趣是学生参加高校体育教学活动的动机和目的，只有保证教学内容的趣味性，才能提高学生的参与热情，使学生积极主动地参与到高校体育教学过程之中，进而提高高校体育教学的质量。

5. 特色性原则

很多的高校体育教学研究资料显示，将地域特色融入高校体育教学之中，不仅能促进体育走进日常生活，还能不断开发高校体育教学的特色，充分发挥高校体育教学的创新性，提高人们对体育学习的热情。例如，因为舞龙文化而出名的奉化地区在进行高校体育教学内容的选择时，将舞龙作为教学内容之一，这就大幅提升了高校体育教学的地域特色，而且教学内容较为贴近学生生活，从而提升了学生对高校体育教学的参与度。

（三）高校体育教学内容选择的程序

选择高校体育教学内容不能盲目进行，而要依据一定的程序，这样才能保证所选择高校体育教学内容的清晰性。在选择高校体育教学内容时，需要一个可以操作的、优化的、科学的操作程序。

1. 确立体育教学目标

体育教学目标在体育教学内容的选择过程中占据着非常重要的地位。在选择高校体育教学内容时，应该坚持教学内容与教学目标相统一的原则，如果某些教学内容与教学目标不统一，那么就应该删除。

2. 确保健身性和安全性

为了保证高校体育教学目标的顺利实现，根据教学的目标和需求选择了一些高校体育教学内容，但是有时这些高校体育教学内容并不能成为教学的最终内容，因为教学内容除了要符合目标性的原则，还要能符合健身性和安全性的原则，这也是教学内容科学性的基本要求。

3. 判断教学实践的可行性

对高校体育教学内容的选择经过以上两道程序之后，接下来就应该判断这一教学内容是否具有实践的可行性，如果一种教学内容不具有可行性，那么即使再好也没有任何的意义。判断教学内容的可行性与否，是教学内容选择的第三个基本程序。

4. 判断教学内容的趣味性

如果一项体育教学内容不具有趣味性，那么将很难被学生接受，即使其满足以上三道程序的要求，最终也不能保证教学能够顺利开展以及教学目标的实现。如铅球运动，虽然这一教学内容满足以上每一教学程序的要求，但是这一教学过程枯燥无比，无法提升学生的参与热情。

5. 符合终身体育教学观念

高校体育教学内容选择的第五道程序是要符合终身体育教学观念。因此，在选择高校体育教学内容的时候，要结合当地的实际情况，与地区运动文化相结合，选择适合当地开展的体育教学内容。如在艳阳高照、气温居高不下的南方开展滑冰运动，一方面不利于教学的开展，另一方面也不利于教学的基本操作，不应该置于教学内容之中。

四、现代高校体育教学内容的编写和加工

（一）现代高校体育教学内容的编写

高校体育教学内容的编写也是高校体育教学内容结构建设的环节之一，作者通过对体育教材的研究和分析，将高校体育教学内容编写的相关内容整理如下：

1. 高校体育教学内容的分类

高校体育教学涉及的内容较为宽泛，为了保证教师在教学过程中的系统性和整体性，在对高校体育教学内容进行编写的时候，应先按照其特点和性质，将其进行简单分类。目前，中外对高校体育教学内容的分类有很多种，我国对于高校体育教学分类的方法主要包括：根据身体素质分类的方法，根据人体基本活动能力分类的方法，根据运动项目分类的方法以及根据教学目的分类的方法等。

2. 高校体育教学内容编写的原则

高校体育教学内容大多来源于人们日常生活的方方面面，涉及的内容也较多，因此，高校体育教学内容的编写一直都是体育课程和教学理论与实践的难题。作者通过对体育过程和教学内容的分析，认为高校体育教学内容的编写一般应该遵循以下三种逻辑：一是以学科体系为依据，按照内容的难易程度，由易到难地进行编写；二是以学生身心发展的规律为依据进行编写；三是根据教学的目的进行编写。

3. 高校体育教学内容的排列方法

高校体育教学内容实际上就是以其编写的逻辑为顺序进行排列的，因此在内容排列的过程中，所有的内容都应该遵循学科知识特点和学生的学习逻辑，同时根据每个教学内容的特点，合理安排课时，并按照内容之间的递进关系安排每一节课时中所包括的教学内容。

（二）现代高校体育教学内容的加工

现代高校体育教学内容经过选择和编写两个步骤后得到的与体育运动有关的知识和内容，都是高校体育教学的素材，但是要将这种素材直接运用到课堂之中，还需要一个环节的支持，那就是对高校体育教学内容的加工和改造。这一过程也

是体育素材教材化的过程，最终将高校体育教学素材转化为体育教材，带到体育课堂之中。

就我国目前的高校体育教学现状来看，我国在体育素材教材化方面已经取得了初步成就。我国体育素材教材化的方法主要有以下几种：

1. 动作教育的教材化方法

按照人体运动所应遵循的原理将一些体育竞技运动进行归类，针对少年儿童来进行设计的这种教材化方法就是动作教育的教材化方法。它主要起源于欧美国家，这种教材的趣味性较大，操作较为简单，适用于低年级学生的学习。

2. 游戏化的教材化方法

游戏化的教材化方法主要用以提升学生的学习热情，这种方法主要适用于一些比较枯燥和单一的运动，这种运动较难引起学生的学习兴趣。为了最大限度地激发学生的学习热情，可将这些单调的运动通过一些游戏情境串联成游戏，从而提升参加者的兴趣。

3. 理性化的教材化方法

理性化的教材化方法主要是为了帮助学生理解一些运动的原理，在教学过程中将“懂与会进行结合”，其主要的特点就是挖掘体育运动背后的原理和方法，以探究式和启发式的教学为依据，引导学生进行教学知识的学习。

我国的教材化方法除了以上三种常用的方法，还有文化化的教材化方法、生活化的教材化方法、实用化的教材化方法、简化的教材化方法和变形的教材化方法等。

第二节　高校体育教学过程

高校体育教学过程是高校体育教学中的重要组成部分，是高校体育教学的中心枢纽，是一切教学活动的表现。

一、高校体育教学过程的含义

第一，高校体育教学过程是实现高校体育教学目标的途径和过程，这是因为高校体育教学目标是通过高校体育教学活动的实施才得以实现的。

第二，高校体育教学过程是有组织的程序和有计划的安排，这是因为教学过程是依据高校体育教学计划进行的，具有教学组织性和计划性。

第三，高校体育教学过程是学生掌握各种高校体育教学知识、运动技能以及进行各种体育活动的过程。高校体育教学过程是由教师的“教”和学生的“学”组成的，是知识和技能的传递过程。

高校体育教学过程是教师为了实现高校体育教学目标而有计划地组织和实施的，并在此过程中完成知识和技能的传授，帮助学生获得体育相关知识和技能。

在整个教学中，根据教学的进程，可以将高校体育教学过程分为以下几个层次：

第一，学年或是学期高校体育教学过程。学年高校体育教学过程的单位是年级，如大一高校体育教学、大二高校体育教学，包括上下两个学期，指的是整个年级的教学；学期高校体育教学过程较学年高校体育教学过程而言，时间较短，是以学期为主要的划分单位，如大一上学期的教学过程即学期教学过程。

第二，单元高校体育教学过程。顾名思义，单元高校体育教学过程就是以教学单元为单位的教学过程，如篮球单元的教学过程、足球单元的教学过程。

第三，课堂高校体育教学过程。课堂高校体育教学过程是指上课到下课一节课时间的教学过程。

二、高校体育教学过程的性质

高校体育教学过程是高校体育教学的重要组成部分，是高校体育教学活动的体现，也是高校体育教学的必经之路，这一环节同时还包含教师的“教”和学生的“学”，涉及的相关因素较多，应该引起每一位教学工作者的重视。高校体育教学过程具有以下几种性质：

（一）是学生掌握运动技能的过程

每一种知识和技能的教授都是一个严谨有序的教学过程，并且每一种教学过程都有其相对应的意义。知识类学科的教学过程主要是促使学生识记概念，运用判断、推理等思维方式帮助学生掌握学科所需的知识，发展学生的智力，而高校体育教学则是通过不断引导学生进行身体练习，帮助学生掌握运动技能，同时促进学生身心健康的发展。例如，在高校体育教学的过程中，教师通过不断指导，使学生掌握篮球的比赛规则和投篮的技巧，并通过这种运动的开展，培养学生的应变能力。由此可见，高校体育教学过程实际上就是学生掌握技能的过程。

（二）是提高学生运动素质的过程

运动技能的获得和运动素质的提高是相辅相成、相互促进的，因为运动是通过肌肉群的做功完成的，所以反复练习能够有效地提高肌肉群的运动素质，而高校体育教学本身就是一个不断提高机体运动素质的过程，也是一个不断增强学生体能的过程。例如，学生进行立定跳远的练习，刚开始接触这项运动的时候，学生会感觉大腿内侧肌肉有明显的紧张感和酸胀感，但是经过一段时间的练习后，学生不仅能掌握此项运动的技巧，身体也会对此项运动产生一定的适应性。因此，在进行高校体育教学的过程中，不仅要注重学生对体育技能的掌握，还要关注学生运动素质的提高，这就需要教师在设计教学、安排进度和选编内容的时候不仅要注重运动技能的提高，还要注重运动素质的培养。

（三）是学习知识和形成运动认知的过程

高校体育教学是一门涉及内容较多的学科，是人文学科和自然学科的综合体。高校体育教学在要求学生掌握运动技能的基础上也会涉及许多其他相关知识的学习和运动认知的获得，就认知理论而言，这也是学生掌握运动技能和提高运动素质的基础。有很多的体育运动会在运动的过程中提升学生的反应能力，通过动作的反复练习，来增强学生的体能，提升学生的智力，因此，学习过体育运动的人和没有学习过体育运动的人在认知的发展上存在明显的差异。由此可见，在某种程度上，高校体育教学的过程也是学习知识和形成运动认知的过程，教师应当给予重视。

（四）是集体学习和集体思考的过程

高校体育的主要教学形式就是集体教学，这主要取决于体育运动的特点，大多数的体育运动都是由集体或是小组共同完成的，包括体育学科的知识、技能，甚至是体育运动素养的形成都需要建立在集体这一平台之上。随着高校体育教学的不断改革，当今社会对高校体育教学的要求也逐渐趋于集体性，以便充分发掘集体教学过程中的潜在作用。集体教学活动本身能够促进学生之间、学生和教师之间的互动和交流，培养学生的集体主义精神，提高学生的社交能力。例如，在对学生进行体能训练的过程中，学生之间能够互相帮助，同时能促进经验和技能的交流，从而促进教学质量的提高和教学目标的完成。

（五）是体验运动乐趣的过程

体育运动与学生的身体息息相关，从生物学角度来看，运动的过程实际上也是身体进行生物学改造的过程，同时是身体和心理方面体验运动乐趣的过程。这种运动乐趣既是运动本身所特有的一种性质，也是学习体育课程的基础和条件，更是培养学生终身体育意识的基础。因为，在文化课的教学过程中，学生的肢体语言、空间感和交流的自由感等都是受限的，但是在体育课堂上，这些限制就被冲破，学生能充分地体验自由交流的乐趣，体验放大的空间带来的满足感，甚至还能体验到运动带来的成就感。例如，学生刚开始接触一项运动的时候，因为不熟悉，往往会产生焦虑感，但是经过长期的锻炼掌握了这项运动，就会有强烈的成就感。因此，高校体育教学的过程具有体验运动乐趣的性质。

三、高校体育教学过程的优化

在信息迅猛发展的当今社会，无论是教学还是从事其他行业的工作，都是既讲究效率，又讲究效益的，特别是我国正处于教学改革的关键时期，对高校体育教学过程的优化具有非常深远的意义。高校体育教学过程的优化是指高校体育教学的研究者和工作者，通过对高校体育教学中相关问题和因素的不断研究、分析和综合，按照高校体育教学的目标，有计划地选择和实施教学优化方案，在规定的时间内和现有的环境中发现最有效的教学方法，获得最优质的教学效果。

（一）高校体育教学过程优化坚持的观点

随着教学改革的呼声逐渐升高，很多高校体育教学工作者投身到高校体育教学的研究工作中，以期通过自己的不断分析和研究，使高校体育教学过程不断优化。目前，高校体育学术界对于高校体育教学过程优化的观点日益增多，作者收集和整理了现存文献资料，结合高校体育教学实践的特点，以及当今时代对高校体育教学目标的诉求，提出在对高校体育教学过程进行优化的时候，要坚持以下观点：

1. 用整体的观点认识高校体育教学过程

认识高校体育教学过程的时候，要用整体的观点，因为整体的观点便于科学地掌握高校体育教学过程的结构和教学活动环节，能够对其进行一个综合的、具体的分析判断，从而有一个更加清晰明确的认识。使用整体的观点看待高校体育教学过程的时候，可以想象有一个坐标，其纵坐标轴上是课时、单元、学期、学年等教学过程，横向坐标轴上是当地学校的教学学科；横坐标轴上同一个学校中不同的学科的纵轴的教学过程是不同的，横坐标与纵坐标的内容共同构成了这个坐标轴。这样，就可以将高校体育教学看作一个动态平衡中的教学整体。随着社会环境和教学环境的不断变化，这个教学整体也在不断地变化，要想对高校体育教学过程进行优化，必须采用整体的观点去看待它，从整体角度去思考其教学结构成分以及彼此之间的关系。

2. 用联系的观点看待高校体育教学过程

任何一门学科的教学，其知识和技能之间都存在一定的联系，不存在与其他学科完全没有联系的学科。高校体育教学与生物、医学、化学、物理等多门学科都有联系。使用联系的观点看待高校体育教学过程，可以发现各相关因素之间都存在着各种联系，比如因果联系和控制联系。

所谓的因果联系，是指高校体育教学过程中各种行为活动和效果之间存在一定的因果关系，如在进行篮球教学的时候，开展篮球技能教育的活动和培养学生篮球技能之间就是因果的联系。教学研究者要想在教学实践过程中不断地优化教学过程，就应该在教学实践过程之中及其结束之后不断地分析和研究各种现象之间的因果关系，寻求教学中某些因素之间存在的本质和必然的联系，并借助这种联系达到教学效果最优化的目的。

控制联系是指教学的过程实际上也是一个控制和自我控制的过程，如在教学实践中，教师对学生的学习计划、技能实践过程和教学监督的控制。如果对学生的控制太过严格，就会打击学生的学习热情和信心；如果对学生的控制较为松散，就会降低学生的学习效果。因此在教学的过程中，教师要注意把握合适的尺度，寻找最有效的教学控制点。

（二）高校体育教学过程优化的策略

1. 优化高校体育教学目标

要优化高校体育教学，要先对教学目标进行优化。在整个高校体育教学之中，教学目标起到统领作用，它引导着整个教学过程的进行。因此，对高校体育教学目标进行优化有着重要的现实意义，而且这也是首要任务。要对高校体育教学目标进行优化，需要实施一定的优化策略，需要确保其能够有利于教学设计，能够真实地反映和监督教学过程，并有助于教学评价的实施，同时，要确保各个目标的连贯性和差异性，保持教学目标的科学、明确和可操作性。

2. 优化高校体育教学内容

在高校体育教学过程中，体育教学内容是教学目标的载体，能够影响教学目标的完成情况。有的时候体育教学内容选择得比较恰当，学生对其比较感兴趣，那么学生就会更加自主地、积极地参与教学内容的学习；而如果体育教学内容选择得比较陈旧、枯燥，那么它就不会受到学生的欢迎，从而影响体育教学效果，无法达成体育教学目标。所以，体育教学内容的选择十分重要，要精挑细选，使其能够激发学生的学习动机和学习兴趣。如果高校体育教学的内容脱离了教学实际，不具有可学习性，就会不利于教学质量的提高。因此，在对教学活动内容进行优化的时候，教师应该选择一些学生喜闻乐见的内容，合理地采用一些竞技类的项目，使之具有可学习性。

3. 优化体育的课堂教学结构

课堂结构主要指规定空间、时间内的各个教学步骤、环节的具体安排，同时，它还展现了教学目标、内容和方法的具体实施。与其他学科的课堂结构相比，体育学科的课堂结构更加复杂，要对其进行优化，需要从整体入手，应该坚持课堂的五结构优化理论，促使其各个部分合理、协调，相互促进。

第一，时间结构优化，指课堂各个教学环节所用的时间要保证分配的合理性，保证教学目标的圆满完成，将时间有效地分配到教学的重点和难点上。

第二，智能结构优化，指针对课堂结构中一些比较可测的、清晰的、具体的课堂教学目标加以优化，包含技能训练的重点、思想道德教育的要点、运动认知的容量等。

第三，认知结构优化，指按照学生的认知水平合理地安排教学过程，保证教学的发展过程能够遵循由浅入深、由易到难、循序渐进的原则。

第四，信息结构优化，指在充分发挥学生主体性地位的基础上，保证教学过程相关的信息能够得到迅速有效的传递。在体育课堂教学中，对学生的组织协调要及时有效，对教学的评价要准确到位。

第五，训练结构优化，指根据学生的身心发展特点、教学内容的特点、教学环境、教学条件等，合理地安排训练的内容、方法和步骤，从而实现教学目标。

第三节 高校体育教学目标

随着人们对高校体育教学重视程度的日益提高，高校体育教学目标成为高校体育教学过程中的重要决定因素，建立高校体育教学目标体系是高校体育教学对教师的根本要求。不少学者和高校体育教学专家经过研究和科学分析指出，要想建立合理的高校体育教学目标体系，应该先清楚高校体育教学目标体系建立的依据以及方法。

一、建立高校体育教学目标体系的意义

高校体育教学目标体系的制定之所以受到广泛的关注，主要是因为高校体育教学目标体系的制定在高校体育教学过程中发挥着非常重要的作用。任何一名体育教师在制定高校体育教学目标体系的时候，首先都应该对制定高校体育教学目标体系有一个充分的了解和认识。作者经过对高校体育教学的不断研究，认为建立科学的高校体育教学目标体系具有以下几个方面的重要意义：

（一）充分发挥体育学科教学的功能

高校体育教学的功能是通过高校体育教学目标体系进行明确和定位的，因此，只有合理制定高校体育教学目标体系，才能使体育教师在教学过程中明确要实现的高校体育教学功能。如，加强学生身体锻炼的目标是帮助实现高校体育教学中的强身健体功能；快乐体育的教学目标可以实现高校体育教学激发学生学习兴趣的功能等。每一种高校体育教学目标都能促进高校体育教学功能的实现，如果盲目制定高校体育教学目标，就不能充分发挥高校体育教学的作用，甚至还可能使高校体育教学课程变得空洞，不利于高校体育教学质量的提高。

（二）确保高校体育教学目的的实现

高校体育教学目标体系的实现是实现高校体育教学目的的标志。因此，只有制定合理的高校体育教学目标体系，才能促进高校体育教学目的的实现。

（三）确保不同层次目标之间的衔接

总的教学目标体系是由阶段性的教学目标组成的，如果制定好了每一个阶段的高校体育教学目标，就可以保障高校体育教学总目标的顺利完成。合理的阶段目标的制定能保障每个目标之间衔接的紧密性，并能促进教学总目标的实现。

（四）明确和落实教学任务

通常情况下，目标只是一个方向，它并没有规定到达目标所要做的事情，而高校体育教学目标体系不仅决定着高校体育教学任务的方向，还明确和落实了教学任务。因此，在高校体育教学任务的实现过程中，合理的高校体育教学体系是十分有意义的。如果没有合理的高校体育教学目标体系，高校体育教学任务就失去了前进的指导方向，不利于高校体育教学任务的落实。

（五）规范高校体育教学的过程

高校体育教学要达到教学的目标，首先应该实施怎样的步骤，再进行什么样的步骤，这些都是靠制定阶段性的高校体育教学目标实现的。高校体育教学目标体系的制定过程就是高校体育教学的规范过程。因此，合理的高校体育教学目标体系有利于体育教师在教学的过程中对教学步骤的控制，有利于保证教学过程的规范性和科学性。

（六）指引和激励教师和学生

高校体育教学目标体系反映的是教师教学的愿望和学生学习的愿望，明确教师和学生努力的方向，当这种方向成为人们意识的一部分时，就会形成动机和动力源泉。虽然有些教学目标并不是由任课教师制定的，但是合理的高校体育教学目标体系必能反映出高校体育教学的方向和学生学习的欲望。同时，教学目标体系的制定能够帮助教师清楚地认识自己与既定目标之间的差距，激励学生发现和解决问题。

（七）形成检测教学成果的标准

高校体育教学阶段性目标的达成与否是评价教师在某个阶段的教学过程中的教学质量评价的标准，而总的目标的达成与否是在教学过程终结时，根据学生所具有的体育活动的知识给予高校体育教学成果评价的标准。

二、高校体育教学目标体系建立的依据

高校体育教学目标体系的建立并不能仅凭体育教师的主观感受。高校体育教学目标体系是高校体育教学过程的参考，是保证教学正常开展和实施的前提，因此，高校体育教学目标的制定是有一定的依据的，这种依据约束着体育教师对目标制定时的思想和方向，保证高校体育教学目标制定的合理性。作者从对高校体育教学目标体系建立的研究和考察，以及对高校体育教学特点的分析中得出，高校体育教学目标体系建立的依据有以下几点：

（一）国家的教育方针和政策

我国在制定高校体育教学课程的大纲时，是以坚持国家的教育方针和相关教育政策为基本前提的，体现了现阶段国家和社会对高校体育教学的总要求。制定的教学目标体系只有建立在国家教育方针和政策的基础上，才能保证教学大纲的实现，才能保证教学目标符合社会实际的需求。在此基础上制定教学的总目标和各级目标，便于形成完整的教学目标体系，促进高校体育教学的统一和完善，保

证教学总目标和各阶段高校体育教学目标的科学性。因此，国家的教育方针和政策是高校体育教学目标体系制定的直接依据，也是高校体育教学目标体系制定的基础。

（二）学生身心发展的特点以及规律

学生是高校体育教学中的主体，是高校体育教学目标实施的对象，是高校体育教学过程中的重要组成部分。因此，在制定高校体育教学目标的时候，为了保证所制定教学目标的科学性和有效性，应该以学生的身心发展特点以及发展规律为依据。高校体育教学本身就是一个十分复杂的学科，对学生的实践性要求又特别严格，如果教学目标体系的制定脱离了学生身心发展的特点和规律，那么教学目标体系就无法指导教学过程的完成，教学目标也就失去了意义。高校体育教学目标的完成程度主要根据学生经过教学之后所达到的水平来评判，因此，高校体育教学目标与学生自身的特点有着十分密切的联系，只有适应学生身体发展特点和规律的教学目标才是切实可行的，所以，学生生理和心理发展的特点以及规律也是建立高校体育教学目标体系的依据。

（三）高校体育教学的具体实际

高校体育教学的具体实际是保证高校体育教学目标完成的根本条件，同时是制约高校体育教学目标完成的重要因素。虽然我国体育课程的开展和普及针对的是全国范围的学校教育，但是每个地区的发展情况不一致，并且地域之间的气候、条件也存在着差异，再加上教师自身水平的不同，教学目标体系的制定也存在着一定差异。如一些教学条件相对较为齐全、教师队伍的专业水平相对较高的地区的高校体育教学目标，与教学资源匮乏、体育专业教师队伍缺乏的地区的教学目标就存在着差别。如果在教学目标制定的过程中，不联系教学实际情况，那么有些地区的教学目标将不可能实现。

三、高校体育教学目标体系建立的方法

（一）掌握建立教学目标体系的原则

1. 目标的场景性原则

高校体育教学一定是在高校体育教学场景内实现的，高校体育教学场景外即使发生体育活动，也不属于高校体育教学目标。所以，高校体育教学目标体系的建立一定要保证它的场景性，如，与体育相关的知识、技能、战术等内容，都是属于体育场景内的内容，简单地说与体育相关的都是属于高校体育教学场景。如果教学目标失去场景性，那么教学目标就失去了意义。因此，建立高校体育教学目标体系时，要坚持目标的场景性原则。

2. 目标的努力性原则

教学目标是激发学生动力的一个方向和指导，如果教学目标不包含努力因素，学生就能轻而易举地完成，目标就会失去其本身应具有的激励作用；如果将学生学会运动作为教学目标，那么每一位学生都能不费吹灰之力地完成，这样的教学目标就失去了意义。因此，在建立的高校体育教学目标体系中，一定要含有让学生必须通过一番努力才能达到效果的因素，这样才能对学生起到激励作用。因此，在制定教学目标的时候，应该坚持努力性原则。

3. 目标的可选择性原则

一个合理的、科学的高校体育教学目标应该是可供学生选择努力方向的，因为好的目标必须是能够提供多条途径和多种渠道来完成预期教学效果，但是如果一个教学目标不具有这种可选择性，那么它就不是一个合理的教学目标，也就不利于学生的高校体育教学目的的实施。

4. 目标依托体育教材的原则

体育教材是高校体育教学目标体系建立的依据。高校体育教学的目标不等同于高校体育教学的总目标，它们之间的区别主要表现在高校体育教学的目标是依托于体育教材进行制定的，完全脱离体育教材的教学目标难以与具体教学环节联系起来，也没有明确的方法指导高校体育教学目标的实现。因此，在建立教学目标体系时，应该坚持依托体育教材的原则。

（二）了解教学目标的表达方式

第一，明确地告诉学生学习的结果是什么，这种表达方式一般都用于知识和技能目标。所谓的知识目标是指学生通过学习，初步地了解一些运动基本知识，并且能简单地描述这项运动的重点和应注意的事项。技能目标是指学生通过对教师教学过程中的模仿和练习，掌握运动的基本技能，并清楚运动项目的技巧和运动方式。

第二，描述学生参与运动过程中的心理感受和态度，这种心理感受和态度一般是由学生主观产生的，难以用语言表达，只能通过行动进行判断，如情感态度和价值观，即情感目标。所谓的情感目标是学生在参与某种运动项目时，产生的一种心理变化和态度变化，正确的情感目标能够培养学生具有特定的意识和能力。

（三）深入探析教学目标的表达方式

要建立清晰的高校体育教学目标体系，首先应该对以下几个问题有深入了解，在此基础上才能制定出具有可操作性、科学性较强的目标：

1. 把握目标表述的四要素

目标表述的四要素分别是行为主体、行为动词、行为条件和行为程度。这四个要素是目标表述时的常用语言，能够提高制定目标的语言的严谨性，同时保证教学目标的科学性。

2. 明确教学目标行为的主体

要深入探析教学目标的表达方式，就要明确教学目标行为的主体。之前在传统的教学过程中，教学的主体是教师，随着时间的推移，社会的发展，教学目标行为的主体逐渐变为学生。因此，在制定教学目标的时候，要体现学生的主体地位，改变表述的方式，让人们知道其目标所针对的对象是学生，明确教学目标的指向性。

3. 恰当地使用动词

在建立高校体育教学目标体系的过程中，要恰当地使用动词，并且使用的动词要能够与学生掌握的知识情况相符。

4. 说清表现结果可能产生的情形

说清表现结果可能产生的情形，即教师对教学的愿望，实际上就是期待学生达到的效果。在制定教学目标时，要说清表现结果可能产生的情况，主要从两个方面展开叙述：一是对影响结果产生的条件或者界限进行说明，二是对教学行为所达到的程度进行说明。不同的学生往往在各个方面都有着很大的差异，因此，在实际制定教学目标的过程中，在教学结果的描述中也可以使用一些表示教学程度差异性的词语。由此可见，教学目标是以教学结果为底线而制定的。

教学目标体系的建立是保证教学过程科学性和有效性的依据，教育工作者应加以重视，认真地对高校体育教学相关的因素进行分析和考察，借鉴成功的目标体系建立的过程和方法，同时在建立的过程中，严格按照教学目标体系建立的依据和方法推进，保证教学目标的科学性，便于目标的实现和教学质量的提高。

5. 明确教学目标

如图 1-3-1 所示，依据人才培养方案、课程标准和国家体质健康测试标准，并融入课程思政，明确“强体魄、修品德、助职业”三维课程教学目标，即在增强身体素质、掌握运动技能的同时，注重思政品德的培养和职业能力的提升，帮助学生更好地适应社会和职业的需求。另外，要结合学情分析，预判本课程重难点。

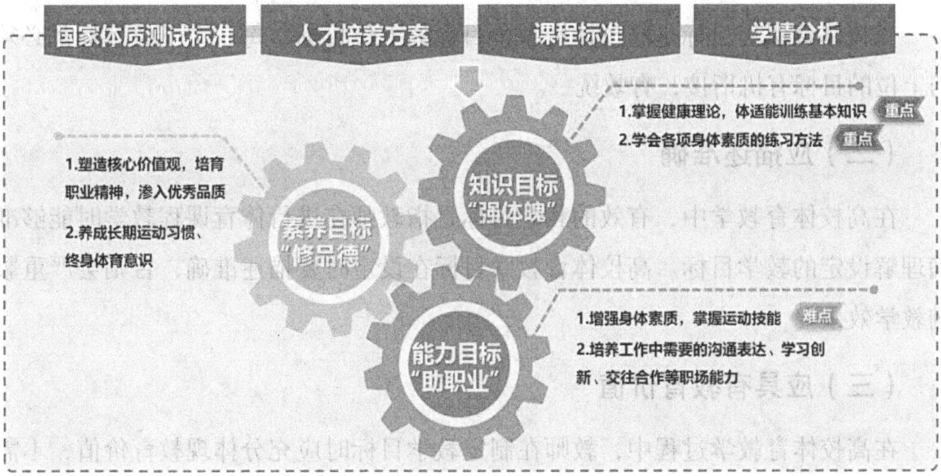

图 1-3-1 体育教学三维目标图

（1）思政素养提升，内化于心，外化于行

通过课程达到思政体系的系统设计与实施，体适能教育与思政教育有机融合，有效内化为学生的社会价值追求与职业精神，外化为刻苦训练、引领自觉行为习惯。学生思政考核促使礼仪与行为规范逐步养成，思想品质得以升华。

（2）学会运用健康安全知识和技能，形成健康生活方式

学生熟练掌握了体适能基本理论、科学锻炼方法、运动处方制定，有效指导学生科学运动，学生参与运动意愿显著增强，为长期运动、终身体育打下坚实基础。要在教学中探索提高课堂教学的信息化水平，教学过程中激发学生应用信息化技术的探索和创新精神，运动中显著提高信息化运用水平，提高运动效率。

（3）掌握体适能运动技能，提高基础体能和竞赛能力

注重学生体质健康测试的平均成绩、及格率和优秀率，多参加比赛，以赛代练，完善学生技术动作，提高身体素质。课堂采用学练结合、以赛促学的教学方式，提高运动竞赛水平，激发学生的学习内驱力，检验学生体育技能、教学质量和课程改革的实效。

四、建立高校体育教学目标体系的注意事项

（一）应与体育课程目标相关

高校体育课程目标是高校体育教学目标的上位目标，每一个下位目标都必须与上位的目标有机衔接，有效统一。

（二）应描述准确

在高校体育教学中，有效的教学目标是指教师在进行体育课程教学时能够准确理解设定的教学目标。高校体育教学目标在设定时要描述准确，否则会严重影响教学效果。

（三）应具有教育价值

在高校体育教学过程中，教师在制定教学目标时应充分体现教育价值，不需要过分强调目标的分解和细节，避免制定一些教育价值不高，甚至没有价值的教

学目标，以保证高校体育教学目标的实现。

（四）应找到学生与内容的结合点

在建立高校体育教学目标体系时，必须考虑高校体育教学的对象和内容两个因素。体育工作者要使教学目标符合学生的实际情况，并认真考虑学生的需要及要达到的学习结果。

（五）应考虑学生实际情况

在建立高校体育教学目标体系的过程中，要注意考虑学生的实际情况，要与学生实际情况相符合，这样才能调动起学生的积极性，使其能够更加有兴趣地进行体育学习。

（六）应注意及时调整

高校体育教学是一个复杂多变的过程，在这个过程中，无论高校体育教学目标设定得多么具体、周密严谨，都不可能永远适应高校体育教学的变化。因此，高校体育教学目标体系的建立应根据实际情况进行及时调整。

第四节　高校体育教学与学习主体

一、高校体育教学中的教师

（一）高校体育教师类型

根据不同成才特征对体育教师划分的方法，是针对他们的教学内容的侧重点来划分的。每个体育教师都有自己较为擅长或稍显欠缺的方面，包括理论教学、训练实践以及科学研究等方面。根据这些不同的成才特征，可以将体育教师分为四种类型，具体如下：

1. 擅长组织教学的体育教师

在组织教学方面表现出色的体育教师，往往自身具有较高的教学智慧和教学能力，他们知晓如何有效地将知识传授给学生，使学生更好地对其加以理解内化。通常情况下，他们能够得到学生的认可并获得较好的教学效果。擅长组织教学的体育教师的独特性，具体表现为两点：第一，擅长组织教学的体育教师往往积累了深厚的知识理论和实践经验，并能够在教学过程中充分地将这些知识理论与经验发挥出来，有其独特的教学风格，在教学中能够提高学生学习的主动性和积极性，激发学生的学习兴趣，使他们自主参与学习；第二，擅长组织教学的体育教师往往对于自身的职业是十分热爱的，对体育教育充满热情，关心和尊重每一个学生。

擅长组织教学的体育教师在教学过程中始终以学生为本，通过分析教学规律以及学生的实际情况，贯彻教学原则，能够调动起学生的积极性，营造一个良好的课堂学习氛围，并对其加以调控，使学生更好地参与学习。另外，他们的教法灵活，组织有序。在运动技能方面，擅长教学的体育教师就算运动技术水平不突出，他们也能在教学过程中精确地示范那些技术、战术等动作，且动作优美准确，并加以耐心讲解，使学生理解原理，科学引导学生掌握正确的运动知识和技能，这能够弥补其本身运动技术水平的不足。

2. 擅长训练的体育教师

相比擅长组织教学的体育教师，擅长训练的体育教师的实战经验往往更丰富，他们会有 1～2 项十分擅长的运动项目，并且在这些运动项目上取得过突出成绩，甚至有的体育教师曾经是国家、省、市级的运动员，运动技能水平比较高。擅长训练的体育教师的强项就是组织学生进行课余体育训练，他们比较喜欢具有优秀运动禀赋的学生，同理，这些体育教师也能对运动技能和潜力较强的学生产生较强的吸引力。

在运动训练方面，以训练见长的体育教师的特点有：具有较强的组织管理能力和专项运动水平，在训练学生运动技能的时候，由于已经有足够的经验，往往能够通过对学生的实际情况进行分析，采取适合学生的、专门的、科学的、合理的训练方法和手段。但是，擅长训练的体育教师在体育教学过程中也可能存在着一些问题，比如：有的在体育教学中错误地应用了训练思维，教学效果不明显；有的只注重训练，却忽视了教学，教学效果往往也不理想。

3. 擅长科研的体育教师

随着现代教育体系的持续进步，对于体育教师的素质标准也日益提高，体育教师不仅需要具备教学训练的能力，还需要具备理论科研能力。最近几年，相继出现了以科研为特长的“科研型”体育教师。在体育教学中，擅长科研的体育教师能够深入地对教学过程进行探索，发现其中存在的一些体育教育问题，不断地对其进行分析、研究；他们能够自觉地研究较高层次的教研课题，进行高层次现代教学理论的学习；他们能够将体育课堂教学与体育课外训练结合起来，通过学习、研究、设计和实践获得更高层次的教育科研成果，并最终形成自己独特的研究方法和风格。

可以看出，这种以科研见长的体育教师不仅是知识的传递者，还是知识的创造者和教育规律的发现者，具有不可替代的重要地位。但是从另一方面讲，以科研为特长的体育教师在教学与训练方面并不一定也同样擅长，甚至会出现一部分以科研见长的体育教师，在教学方面出现缺乏技巧，能力或者时间精力不足等情况。

4. 复合型的体育教师

复合型的体育教师就是知识结构由两个或更多不同性质的学科知识群构成、智能结构由多种跨学科能力组合而成的体育教师。随着社会的进步，单一类型的体育教师已经不能满足学校与社会的要求了，复合型的体育教师逐渐成为现代体育师资队伍建设和发展的目标。具体来说，体育教师不能仅主修体育这一门专业，还要有辅修其他专业的经历，知识范围要广阔，同时要具备专长运动技能，并能够将这些知识应用到实践中。

复合型体育教师拥有独立完成多项工作的知识和技能，其特点为：能够高效地完成课堂教学任务，能够高效实施课余体育训练，有强大的科研实力与组织管理能力，社交能力强，创新思维广，有魄力，敢决策。在全国各地，这种复合型体育教师都是每一个学校的精英骨干，起到带头模范的作用，引领体育教学事业不断向前发展。

总而言之，高校要明确校内体育教师各自的特点，明确其类型，然后根据不同类型体育教师的优势对其进行有针对性的利用，人尽其才，确保每个体育教师都能发挥自己的长处，充分发挥其能力，使他们能在适合的环境中实现自己的价值。

（二）体育教师的基本素养

1. 高尚的道德品质

教师肩负着培养社会主义建设者和接班人的历史任务，他们是学生的楷模，是人类灵魂的工程师，必须具备高尚的道德品质。他们不仅要具备坚定正确的政治思想，强烈的事业热情和责任心，也要有较好的个人修养，做一个高尚的人。在学校中，教师的外表、言语、行为都会对学生产生着潜移默化的影响，所以，体育教师要时刻注意自己的外表和言行，衣着得体整洁，举止文明，以身作则，严于律己、宽以待人，潜移默化地去影响学生。

2. 深厚的理论基础与广博的知识

（1）基础理论知识

体育，顾名思义，就是对身体的教育。体育教学中免不了要进行各种身体运动与体育训练，因此，关于身体运动方面的基础理论知识十分重要，它不仅能帮助学生了解身体运动的各个器官、组织，还能帮助其提高训练效果，避免一些不必要的损伤。所以，对于体育教师来说，一些基础理论知识是十分有必要的，体育教师要想更好地对学生进行体育教学，完成教学任务，就必须具备深厚的基础理论知识。

（2）教育学与心理学知识

体育教师还需要掌握教育学与心理学知识，了解学生的心理特点，这样才能更好地将自己所掌握的知识传授给学生，灵活运用教学方法与技巧，学生也更加乐意接受，从而实现全方位的和谐发展。为了应对越来越深入的体育教育改革，体育教师还必须掌握教育的科学知识，熟练运用教育学、教学论、学校体育学、教育心理学、运动心理学、运动训练学等学科的原理与方法。

（3）专业知识与技能

体育教师需要掌握体育教育相关的专业知识与技能，包含体育的地位、一般规律与特性、本质功能，体育教育的目的、任务、特点、方法、规律、原则，体育运动项目的理论知识、动作技术、规则、战术以及其项目训练的原理、方法等。体育教师只有掌握了这些专业知识与技能，才能够更好地对学生进行教学与训练。

（4）横向学科知识

随着时间的推移、社会的发展，互联网逐渐普及，学生在网上能够获取多方面的信息，学生的知识领域逐渐拓宽，他们对知识的渴求也日益增强。体育教师必须不断拓宽自己的知识面，增加自己的知识储备，不仅要掌握体育学科的理论知识，还要学习与之相关的横向学科的知识，如体育美学、体育哲学、体育社会学、体育管理学等，将其全部传递给学生，使其获得更多知识，以开拓学生的视野，促进学生思维发展。

3. 先进的现代教育思想

在现代社会，人们的生活日新月异，体育教育的教育思想也在不断地更新换代。对于一个人来说，其思想和观念十分重要，它反映了其内心高层次的心理需要，能够产生十分强大的内驱力，激励人们不断前行。随着教育深化改革，体育教师的教育思想也要不断更新，现在的体育教师要着重关注学生的整体素质，启发学生思维，全身心地投入体育教育中去，以促进学生全面发展。

4. 良好的专项技能技术

体育教师除了要掌握体育方面的知识与教学，还要掌握良好的专项技能技术，即体育教师要有一项十分擅长的体育运动专项技能，并在这个专项技能中获得过杰出的成绩，这样他们才能够更好地适应选修课的开设需要或学校运动队的训练，更好地开展教学。另外，为了有效促进学生身心健康，使其全面协调发展，搞好体育教学、运动训练和群众体育工作，体育教师除了要熟练掌握至少一项运动理论和技术技能，还要尽量多地掌握一些娱乐体育和休闲体育的项目。

5. 良好的心理品质和强健的体魄

为了成功地完成教育目标，教师必须具备良好的心理素质，如正直、乐观、善良、宽容、公正、团结等，这也是必不可少的。教师的个性心理能够影响学生的心理，教师要想使学生积极参与到学习之中，就需要与学生建立良好的师生关系，潜移默化地影响学生，在教育中实现主导作用，促进学生的身心健康发展。另一方面，教师是一个特殊的职业，会受到学生、学校、家长、社会等几个方面的监督，体育教师要想成功地展开教学，就必须有非同一般的心理承受能力和抗挫力，即具有强大的心理素质。

对于体育教师而言，强健的体魄十分必要。在体育教学中，体育教师要对一些体育动作进行一次又一次的标准示范，这就需要有一个良好的身体素质和技能基础。如果体育教师本身没有一个强健的体魄，在这一次次的动作示范中变得气喘吁吁，心力交瘁，那么又如何对学生进行教学呢？而且，体育教师如果没有一个良好的身体素质，学生也就会对体育学习失去信心，又如何使他们从内心中相信、认同体育锻炼对于身体机能的益处呢？总而言之，出色的身体素质是进行体育教学、适应体育工作、提高运动技术水平的必要条件，同时符合终身锻炼的需要，因此，体育教师有一个强健的身体素质十分重要。

（三）体育教师的教学能力

体育教师的职责就是对学生进行体育教育，因此，教学能力是必不可少的，也是其最基本的能力。“新时期体育课程的发展，学生的多样化需求决定了教师必须是一专多能且更加专业化的个体”[①]。体育教师的教学能力体现在很多方面，比如教学水平、教学管理、教学计划、教学评估、教学决策等，大致可归纳为：对课程标准、教学指导纲要、学校体育工作条例等文件的理解和贯彻能力，制定科学的教学管理措施和办法的能力，对教学效果进行客观评价的能力，制作各种教学文件的能力，选择、加工、开发教材的能力，创造性地设计教学策略的能力，严密的教学组织能力，调动学生学习与锻炼的自觉积极性的能力，及时反馈教学信息并根据信息反馈采取针对性措施的能力等。

1. 组织教材的能力

在教学中，教师往往是根据教学大纲和教材来对学生进行教学的。教师通过对教学大纲进行分析，可以了解教学条件、目的和内容，他们依据教学大纲的信息与学生的实际情况对教材中的内容进行取舍，决定教学讲解示范的详略，决定教学的重难点以及制订教学计划等，这就是组织教材的能力。体育教师要掌握组织教材的能力，依据学生的具体情况选用教材中的适宜部分，全面掌握教材的编排序列，把握好每学年、每学期的教学内容，认真地处理好每堂课的教学内容，确定好每一项动作的重难点，使重点突出，使学生能够正确掌握动作

① 陈志洪，金显春．高校体育教师教学能力提升路径研究 [J]. 体育人才培养，2022,26（12）：145-148.

要领。要从整体分解到局部，体育教师需对所教授的内容进行必要的分析，将教材内容中一些重点或难点部分分解成几个较简单的部分，并通过这些细节局部教学来达成整体的教学目标，这样做才符合教学的最终目的，才能真正实现体育教学的最终目标。

2. 选用教法的能力

在教学过程中，教法十分重要，选用教法的能力也十分重要，只有科学地选用合适的教学方法才能使学生学到更多的知识和技能，并培养他们形成良好的心理品质。当教师在选择教学方法时，需要考虑多方面内容，面面俱到，考虑的方面足够全，在教学中获得的成果也会越高。现代的体育教学手段五花八门，丰富多彩，体育老师在选择教学方法时不能随意选之，而是应该“货比三家”，需要对这些方法有深入的认识和全面的了解之后，再从中筛选出最合适的方法。同时，教学方法选定之后，体育教师在运用的时候要考虑学生所处阶段，根据不同阶段的特殊性灵活运用教学方法，还要能够使其前后阶段衔接起来；体育教师要考虑学生的外部表现和内部变化，使学生能够主动地参与学习；要考虑教与学的配合，促进师生的协调互动。

3. 教学组织能力

作为一名教师，对学生进行教育是自己义不容辞的职责。我国教育历来强调教师要教书育人、为人师表，体育教师在这方面有着更加特殊的、不可推卸的责任。“课外体育活动素质拓展训练课程对体育教师能力提出了新的要求与挑战。”① 在课内、课外的各种体育活动中，同学之间、师生之间接触频繁，各种情感体验较多，学生的思想作风最容易真实地表现出来。教师如能抓住各种有利时机，挖掘教材内容的多种教育价值，开发教学方法、手段的不同教育价值，针对学生在学习过程中的变化、进步采取相应措施，及时对学生进行思想品德教育，必将会收到意想不到的效果。

体育教师的课堂教学组织能力是上好体育课的重要条件。体育课一般在室外进行，外界环境干扰较大，学生人数多，兴趣和爱好不一致。因此，体育教师必须具备较好的组织管理能力。体育教师的组织管理能力主要表现在课堂教学管理、

① 贺展，陈荟宁，梁芝栋. 高校拓展训练课程对体育教师的新要求 [J]. 当代体育科技，2021，11（24）：110–112.

课余训练、课外活动、体育竞赛的组织管理，以及对学生思想进行疏导、管教等几个方面。

4. 语言表达能力

体育教师的教学语言包含有声语言和无声语言。有声语言指口头语言，无声语言就是指教学过程中的表情、手势、姿势等各个方面。在体育课堂上，有声语言能够对学生产生影响，无声语言同样能够展现出不同的含义。体育教学过程中，体育教师的语言表达能力至关重要，无论是有声语言还是无声语言，使用得当均能够提升学生的自信心，提高他们的学习效率。优秀的有声语言，具有普通话标准、声音响亮清晰、吐词准确、指示明确的特点，教师的有声语言表达要注意准确性、逻辑性，不能随意而为，讲解、比较、评价和结论也需要恰到好处。在课堂上，要尽量减少含糊的语气词，以免浪费时间，表意不明。有时候，教师在课堂上所讲的话或所做的一些神态、表情、动作等可能会给同学带来一些心理负担和心理压力，影响教学效果，所以，体育教师要多鼓励学生，尽量不要言辞激烈地批评学生，以免打击其自信心，不利于其学习。体育教师的语言表达能力，将直接影响到教学或训练的效果。教师语言描绘的形象性、生动性、准确性与幽默性，可唤起学生有关的记忆，调动学生身体与心理的协调活动。因此，体育教师在教学过程中应高度重视语言技能的培训和提升，以确保体育课堂教学的流畅进行。

5. 动作示范能力

在体育教学中，动作示范是不可避免的，体育教师要示范标准的动作给学生，使学生初步认识这个动作，并对其进行模仿。与其他学科相比，动作示范能力是体育教师需要具备的一项特殊能力，展现出体育课堂教学的直观性原则。可以说，动作示范对整个体育课有着举足轻重的作用。

在体育课上，体育教师的示范动作不可能只做一次，通常在一节课上会重复多次。在动作技能形成的第一阶段，为了帮助学生了解、认知体育动作，激发学生的学习动机，也为了让其对某个体育动作表象及概念有一个大致的了解，教师应当示范正确的、标准的、正常速度的、完美协调的体育动作。在动作技能形成的第二阶段，体育教师往往是根据教学的实际需要选择不同的示范方式，比如：为了让学生更加清晰地认知动作，可以做慢速示范、环节示范；为了让学生了解标准动作和错误动作的区别，可以做正误对比示范。根据教学的实际需要，体育教师在做分解动作示范、某一动作的细节示范或完整动作示范时，有着不同的注意因素。在做某一动作的细节示范或分解动作示范时，要注意让学生看清楚每一个细微的动作，躯干与肢体之间的配合，完成动作的要点、方法等。在做完整动作示范时，要使学生能够看清楚动作的阶段、阶段与阶段之间的衔接以及动作的全过程。体育教师在进行动作示范之前应该首先详细解释动作的完整流程、各个阶段的划分，以及需要特别关注的关键点。教师进行动作示范时不要心血来潮，而是要严格选择合适的时机和位置，使每个学生都能够清晰地看到，尽量不要让学生在容易分散注意力和迎着阳光、风向的地方站立，示范动作时要完成正、侧、背三个方向，使学生能够从各个方位清晰地认识示范动作。教师在进行动作示范的时候，可以先讲清楚知识，再进行示范，也可以一边讲解一边示范，也可以一边示范一边启发学生回答动作的要点和方法等知识，还可以让学生模仿示范动作，让他们的大脑和身体都运动起来，提高注意力，调动学习积极性，使学生更好地参与学习。

6. 体育运动能力

体育教师的运动能力是从事本职工作的最基本能力。它既不同于一般人进行自我身体练习的普通运动能力，又不同于专业运动员参加比赛和训练时的特殊运动能力，而是一种面向学生群体进行专业教学、规范化与普通化相结合、能够与教学和训练手段有机结合的专门能力，具体表现为掌握规范的动作示范、把握动作技术环节、及时发现与合理纠错等。这种能力的培养与提高，除需要不断地钻研运动技术理论、学习新技术新动作，还要注意根据不同的教学、训练对象在实践中积累。

7. 科研和创新能力

教学过程实际上就是科学研究的过程。现代教育要求体育教师不应只是个“教书匠”，还应是一个具有强烈时代感、不受固有观点和模式的约束、积极探索、勇于发现、敢于开拓新领域，并在创新中生存、在开拓中发展的科研型教师。科学研究能提高教师的业务、理论水平，促使教师去接受新的知识和信息，了解新的动态，站在学科发展的前沿，使体育教学更具有新颖性、丰富性和新时代的气息。科研能力也是衡量一名优秀体育教师的重要方面，教师的素质也只有在教育科研和教改实验中才能得到真正提高。

8. 社会交往能力

体育教师有必要树立具有时代感的新形象，通过与不同人群的交流沟通，让社会了解体育教师工作的性质和意义，创造学校体育工作的外部条件与环境，展示体育教师各方面的才能。而且，体育工作本身也是一项最具广泛群众基础的工作，学校体育不仅是体育教师的事，而且会与班主任、少先队、共青团、后勤管理等部门发生多重联系；不仅要面向全体学生，也要面向社会，因为广泛的社会接触既有利于对学生的教育，也有利于全民健身计划的实施。

（四）体育教师的教学艺术

体育教学艺术是指教师在体育课堂教学活动中，在遵循教学基本原则的基础上，熟练地掌握和创造性地运用教学方式、方法的艺术。

1. 导入的艺术

在教学过程中，导入往往是教师一节课的开始部分，在体育教学过程中，通过教师的导入过程，学生可进入一个新的未曾经历过的学习情境中去。在体育教学过程中，如果情境导入环节设计得比较有新意，学生也就更乐意进行接下来的学习，整个教学过程也会得到带动。下面是一些比较常见的、行之有效的导入艺术表现方法，这里进行简要分析：

（1）新旧知识联系法

学生在学习新课之前，脑海中存在着很多之前学过的旧的知识，他们对于新知识不了解，缺乏认识，这时候，采用新旧知识联系法，将学生脑海中的旧知识与即将要学习的新知识联系起来，学生可以借此获得对新知识的预测和想象，激发学生的好奇心，使他们积极地进行接下来的学习。对于学生来说，与旧知识存在联系的知识和全新的知识二者相比，学生更容易接受与旧知识存在联系的知识，从而内心产生学习的动力。我国的体育教材内容就是按照螺旋方式排列的，即在体育学习的各个年级之中一些内容反复出现，关于它的质与量也在逐年提高与增加，使学生更加有兴趣去学习。这种教材内容的排列方法就比较适合使用新旧知识联系法进行导入。

（2）悬念法

教师还会使用悬念法进行新课导入，在刚刚开始上课的时候，学生对于新课内容可能并不是很了解，教师根据教学内容提出一些矛盾或问题，引发学生的好奇心，这时候学生就会跟着这个悬念走，随着教师的导入逐渐开始新课的学习。使用悬念法进行导入的时候，需要考虑三种情况：第一，教师设置的悬念一定要与教学内容相符，不能偏离教学内容；第二，教师设置的悬念的难度要适当，要符合学生的学习水平和心理特点，要有针对性，不能过高，也不能过低，过高就可能导致学生自信心受创，遭受打击，从而不愿意学下去，过低则会导致学生认为过于简单，从而学习态度不端；第三，与一般的问题不同，教师设置的悬念要突出“悬”这个字，要吸引学生的兴趣，使悬念具有艺术魅力。通常情况下，体育教材中直线排列形式的内容更适合使用悬念法进行导入。

（3）图画演示法

图画演示法，就是在课程导入环节应用图画要素，让学生对那些难以理解的技术动作有更清楚的认知，加深印象，这对于之后的学习模仿也更有利。体育教师可以一边使用图画演示法，一边示范动作，二者相结合，在讲解的过程中启发学生，让学生更好地融入学习。体育教师在使用图画进行演示的时候，可以将要强调的动作部位使用不同的颜色标记出来，这样学生看得更加清晰，也能够更好地突出动作重点。使用图画演示法进行导入，教师可以使用图画，也可以使用人体模型进行演示，这样更加栩栩如生，让学生身临其境。

（4）模拟象征法

模拟象征法，就是指以模拟的方式精心设计营造出一种特殊的学习氛围，让学生能够进入一个全新的学习情境中。利用这种方法作为体育课堂的导入，可以确保体育课程的流畅进行并提高体育教学的效果和效率。体育教师可以精心设计一场“明星队”之间的球类比赛，使学生在练习的时候更加认真、有拼劲儿。体育教师可以在校园内设置障碍与封锁线，让学生通过慢跑、快跑、攀越（爬或跳）各种障碍来进行障碍跑以提升学生的耐力。

（5）音乐渲染法

在体育教学过程中，音乐渲染法也是一种十分常用的导入方法，体育教师在课堂前放一曲音乐，调节课堂气氛，将学生带入体育学习之中。比如，在导入的时候，可以放一首比较激昂的曲子，这样可以让学生的大脑更加兴奋，生理代谢更加旺盛，从而让他们的情感更快地融入课堂。在体育课结束的时候，体育教师就可以放一首舒缓的音乐，使学生疲惫的大脑和身体放松下来，迎接下面的课程。

2. 课堂集中注意力的艺术

体育课空间范围大、干扰因素多，学生的注意力很容易被分散，如不能加以引导和调控，会直接影响教学效果，完不成预期的教学任务。体育教师如何巧妙、迅速地将学生的注意力集中起来，并引导到教学内容上来，是一种艺术。

（1）准备部分集中注意力的艺术

①报数击掌法

教师发出报数口令后，要求某列学生按排列顺序报数，其他学生击掌并默数，每逢 3 或 3 的倍数，停止击掌并齐声报出该数；或者集体报数，每逢 5 或 5 的倍数时，停止报数而一齐击掌。

②目光运动法

教师可手持一球或其他教具，做上下左右运动，令学生目光注视教具不停运动；或教师用接力棒在空中写字（空书），让学生准确地说出所写的字来。

③信号辩答法

教师先把各种体育动作用简单的符号或做出手势代替，然后教师说出符号或做出手势让学生迅速做出相应的动作；或教师做出动作，让学生立即回答与之相应的符号或手势。

（2）课中集中注意力的艺术

①以静制动法

教学过程中，若有学生说话或做小动作，可让所有学生同时闭目，默念某动作要领，如“支撑跳跃：踏板、摆腿、推手、抬头、落地”，连续 3～5 遍，使学生安静下来。

②目光暗示法

当教师发现个别学生精力分散、注意力不集中，可靠近他并用严肃的目光进行暗示："我看见你走神了。"这样学生就会马上集中精力上课。

③提问提醒法

教师在教学过程中若发现个别学生心不在焉，不听讲解或不看示范时，可以有意向他提问动作要领或练习时应注意的问题，借此提醒他应该集中注意力。

学生注意力集中是上好体育课的重要条件，教师要根据学生的年龄特点和心理特征，结合教学的具体内容，选择学生兴趣浓、针对性强、适合学生心理需要的练习，使学生的注意力指向课堂。

3.语言运用的艺术

无论在哪一种学科的教学中，语言的艺术都很重要，一个能巧妙运用语言的教师往往更受学生欢迎，其教学效果也更好。体育教师不仅要掌握高超的体育技术技能，更要精通运用各种语言进行组织、指导与表达。一位杰出的体育教师不仅应是体育技术的大师，还应是语言运用的大师。下面针对体育教师经常运用的语言艺术进行介绍：

（1）开讲语言的运用

在开始导入体育新课的时候，需要注意开讲语言的运用，一个成功的开讲导语通常能调动学生的积极性，激起学生的兴趣，为接下来的教学活动打下坚实的基础。以下是几种常见的开场语言：

第一，命令式语言。在授课之前，教师使用命令式语言向学生提出严格的要求和标准，引起学生对于这堂课的重视。

第二，引导式语言。在授课之前，教师将这堂体育课的教学任务、教学目的、学习内容、教学方法等告知学生，使其集中注意力。

第三，检查式语言。在授课之前让学生自查或由教师检查学生的准备情况，比如之前的课后作业完成情况，服装、设备等准备情况等，并针对检查结果进行评价，可以给予适当的鼓励或批评，使学生在接下来的学习中能够认真听讲。

第四，表扬式语言。在开讲的时候，教师首先对学生进行表扬，如，根据平常了解到的这个班级学生的竞赛、课外体育锻炼、"达标"情况等给予简短的表扬和鼓励，确保他们在学习过程中始终保持一个积极的心态。

第五，宣布竞赛式语言。学生的行为往往是由其直接动机所掌控和支配的，教师在授课之前就向学生宣布这节课要进行的竞赛，学生就会获得一个直接动机，教师要将其直接动机调动起来，使他们认真学习掌握某项技术动作。

（2）教育语言的运用

体育教师除了要对学生进行知识、技术技能的培育，还要对学生的体育精神进行培育。教师要运用艺术性语言将体育比赛的壮观场面和运动员的坚韧斗志生动地展现给学生，让他们感觉仿佛身处其中，充满激情。

教育心理学和社会心理学都肯定了鼓励的沟通功能。当一个学生的长处被教师发现和肯定时，意味着学生的自我价值得到确认，就会产生积极的情感效应。“这是一种心理的亲和，也是感情接纳的开始；是对人的深层的精神抚慰，也是挖掘人的潜能和价值的艺术。”[①] 针对学生的某些思想和行为，体育教师要能够敏锐地捕捉到并加以鼓励，培养学生形成优良品德，促进其个性发展，从而在课堂上形成一种人人向学的进取氛围，促使每一个学生都能够自觉自主地融入学习之中。

（3）讲解语言的运用

教学中免不了要用到讲解语言，在体育教学中，关于讲解语言有多种，下面对其进行简要介绍：

第一，形象讲解。在体育教学中，教师需要将教学中的一些动作概念或要领解释为某些学生了解熟悉的旧事物的表象的重新组合，使之更加形象更加鲜明、生动。比如，在讲解支撑跳跃“撑箱”动作要领的时候，教师将学生手撑的箱子比喻为“一块烧红的铁板”，手撑在箱子上就像手撑在一块烧红的铁板上，这两种意象自然组合起来，学生就可以展现出快速有力的支撑过箱动作形象。

第二，比较讲解。如果只是单纯地讲解一件事物或对象，那么可能会比较枯燥和抽象，学生难以理解，这时候可以进行比较讲解，帮助学生在头脑中对比同类对象，展示它们之间的相同与不同之处，使学生在比较中更加清晰明确地了解某些动作要领。通常，比较是理解和思维的基础。比如：体育教师可以针对一个学生的前后练习过程进行分析比较，然后做出说明；体育教师还可以邀请两个学生到一旁对一些相同的动作要领进行演示，教师让下面的同学们观察其相同点与不同点，并进行点评讲解。

---

① 吴海宽，刘笙．体育课程与教学论[M]．长春：东北师范大学出版社，2005.

第三，联想讲解。这种方法就是通过联系有关事物来帮助学生理解所讲事物的方式。比如，在讲解学生应该形成的静态、动态的姿态神韵的时候，使用“站如松，行如风”来对其加以要求；在讲解学生投手榴弹的动作和出手时的速度要求的时候，要使用“像拉满弦的弓一样”来要求。在启发学生的时候也经常使用这种联想讲解的方式，帮助学生巩固已有的知识，更好地理解新的知识，并使这些知识更加系统化。

（4）口诀的运用

口诀具有文体新颖、简洁明快、上口易记、重点突出等特点，用于体育课的讲解示范，可以起到集中学生注意力、引起学生兴趣、改善学习效果等积极作用。体育教学的口诀种类如下：

第一，叙述动作过程类。如，原地推铅球技术动作过程的口诀可总结为“蹬—转—挺—推—拨”；排球垫球技术动作过程的口诀可总结为“插—夹—抢”。

第二，指示技术动作要求类。如，蹲踞式起跑技术动作要求口诀可总结为“慢提臀，重心前移至两肩，颈放松，眼看地，两脚压蹲起跑器”；又如跳远助跑技术动作要求口诀可总结为“动作放松自然跑，富有弹性节奏好，上下不跳不摇摆，双目平视很重要，板前节奏有变化，‘二大一小’狠踏跳”。

第三，突出技术动作要点类。如，纵箱分腿腾越技术要点口诀可总结为“含胸屈膝臂远伸，直臂顶肩腰腿紧，快速有力推器械，挺胸展髋臂上振”。

第四，表达技术动作运用类。如，篮球跳步急停持球突破口诀可总结为“轻跳接球看对手，落地屈膝把位错，判断准确蹬地起，跨步侧身快运过”。必须说明的是，口诀的使用价值取决于口头编创的科学性与艺术性。

二、高校体育教学中的学生

（一）学生的个性特征

1.发展中的人

学生是处于发展中的人，具有与成人不同的身体特点和心理特点，有着他们自己特殊的需要和独立发展的方式，教师对待学生不能以成人的标准去要求。并且，学生身心所展现的各种特征都是处在变化之中的，各个方面的发展都潜藏着极大的可能性。因此，学生最需要接受教育，也最容易接受教育。教师要以发展的眼光辩证地去看待学生，诸如教学目标、教学内容、教学方法等的选择，都要根据学生的身心发展水平来确定。

2. 具有主体性的人

（1）对教育影响的选择性

学生对教师的教育影响并非无条件地接受，他们会要求教师的教学尽量适应自己的需要、符合自己的身心发展。因此学生有根据主体意识，积极地或消极地进行选择的权利。

（2）学习的独立性

学生的学习起点、学习的目标与追求、制约学习的个性心理特征等是各不相同的，体育教师在教学中要注意因材施教。

（3）学习的主动性

学生学习活动的主动性、自觉性是学生学习主体性的本质体现，体育教师的教学活动要建立在学生对体育学习的自觉的、主动的、自我追求的基础上。

（4）学习的创造性

学生完成体育教学任务的方式、方法、思路以及对问题的认识等，并不一定完全遵循教师所教的内容或方法，可能会表现出一定的创新性和创造性。因此，体育教师要注重并鼓励这种创新性和创造性。

3. 具有潜能特征的人

越来越多的科学发现证明：人体内潜存着大量未被开发和利用的能力。一般来说，学生的潜能具有以下特点：

（1）隐藏性

“潜能”的特点就在于它的隐藏性，是沉睡在人体中不为人们所认识的各种特殊能力。

（2）差异性

每个人都有自己的潜能领域，但潜能的能力、能量、等级因人而异。潜能的显现或与心理发展的关键期有关，或与人的社会性实践有关，或早晚有别。这点对于学生而言也是存在的。

（3）可开发性

人的潜能是可以通过教育和教学的训练而得到开发的，体育教学是发现和开发学生各方面潜能的重要途径。

（二）实现学生主体地位的基本策略

1. 增强学生的主体意识

随着教育的改革，学生的主体意识逐渐得到增强，学生开始主动地参与学习，教师也开始尊重学生、关心学生，将学生放在主体地位。但是，有的学生的主体意识并不稳定，他们时常会怀疑自己，不愿意学习，自暴自弃；还有的学生即使一开始学习很认真、刻苦，求知欲也很旺盛，但是由于考试结果与期望不符，很容易就会受到打击，因此情绪低落，自信心减弱。这时，“教师应努力从‘教’的角度去唤起、增强学生‘学’的意识，使学生由潜在的发展主体转变为现实的发展主体”①。也就是说，教师要总结教学经验，唤醒与增强学生的主体意识，使他们意识到自己是学习的主体，了解体育学习目标，根据实际情况与之一同制定学习策略，提高其自信心和积极性，帮助学生克服困难，真正地自觉参与体育学习之中。

2. 启发学生全体参与

在教育教学之中，活动至关重要，是解决教育、教学、发展等任务的必要条件。活动的发生机制为主体—参与—活动，主体与活动之间的中项是参与，它是活动产生的前提。在体育活动中，体育教师要激发学生的学习兴趣，启发学生全体参与，使每一个学生都参与到体育活动中来，这表明了学生对教学活动的看法和态度，还决定了活动的始发、方向、性质、成果和质量。

3. 关注个体差异与不同需求

不同学生的性别、体质、心理状态、发育特点、运动技能、兴趣爱好等都是不同的，在体育教学中，体育教师要关注不同学生的个体差异与不同需求，因材施教，根据差异性确定学习内容、学习目标和教学组织形式，使每个学生都能够在原本的基础上取得进步，增强学习的自信心，更加自觉自主地融入体育学习。

① 谭晓伟，岳抑波．高校篮球教学开展的理论与实践研究 [M]. 长春：吉林人民出版社，2018.

在体育教学中，体育教师要营造好一个和谐的课堂环境，这对于学生的主动学习和体验起到重要作用，能够影响学生的学习情绪和心理，下面针对营造和谐课堂环境需要做到的几点进行简要分析：

第一，教师要尊重学生，关爱学生。面对学生，教师与学生应当是好朋友的关系；允许学生有不同的意见并举手提问，教师面对学生的不同意见应该是开心鼓励的态度，首先肯定他们的想法，然后对其想法观点加以分析总结。体育教师要时刻鼓励学生，使每一个学生内心都充满自信，这能够推动他们更好地进步；针对所有的学生，体育教师要一视同仁，根据学生不同的特点进行多层次的引导，引导其选择适合自己的学习材料和练习方式，使学生能够进行充分运动，获得较好的学习成果。

第二，在体育教学的时候，教师要树立权威，这样才能够更好地管理课堂，获得学生的尊重，不过这种权威并不是那种高高在上的权威，而是一种内在权威。体育教师要有高尚的师德品质和广博的知识，还要有亲和力和杰出的人格魅力，这样才能够形成一种内在权威，使学生心服口服。

第三，体育教师要积极参与学生的游戏或活动，与学生打成一片，双方建立起一种资源共享的伙伴关系。在做游戏的时候，体育教师要能够放下为人师的严肃心理，与学生愉悦地玩乐，在失败时也不能输不起，而是要守承诺，以获得学生的好感，这样，学生就会更加有热情地参与体育学习。

第四，体育教师要摒弃那种教师提问、学生回答的单向交流形式，改变教师与学生之间的单向交流关系，促使学生能够更加自主地与其他个体进行交流，各抒己见，实现个体与个体、个体与群体、群体与群体之间的沟通和交流。

4. 改变教学模式

随着社会的进步，体育教学也在不断地进行改革，在新课程改革过程中，与之前相比，现在的教学更加强调学生的主体地位。而学生主体性的最高表现就是创造性，现在的教学提倡使用自主、探究、合作的学习方法，以培养学生独立思考、解决问题以及合作交流的能力，这样可以激发学生的创造性能力和创新思维。在体育教学中，通常可以采用更新教学方法、调整教学组织形式、改变教学模式等方式来培养学生的创新创造能力。

5. 改革学习评价方式

不同学生的自身情况大不相同，这时候体育教师如果全部采用终结性评价方式，将打击学生的学习积极性。所以，体育教师要将过程性评价、发展性评价融入评价体系之中，还要将自我评价、教师评价、小组评价相结合，采用多种评价方式，达到让学生能客观地评价自己和别人，使评价过程成为自己学习、体验、发展的过程。

总而言之，树立以学生为主体的教学思想，带来的不仅是教学方法的改革，更是学生内在精神的改变，增强了学生主动学习的意识，提高学生的参与度，使学生自主参与学习、学会学习并进行自我评价，对自己的学习情况进行反思，不断改进。

（三）体育教学中学生的身心发展

1. 体育教学与学生身体素质的发展

身体素质受先天遗传的影响较大，也受后天的影响，可以把学生身体素质理解为学生的有机体在体育活动中所表现出来的各种机能能力。长期以来，在理论表述上，“一般把这些机能能力进行归类，分别冠以力量素质、速度素质、耐力素质等约定俗成的称谓”[①]。随着学生年龄增长，身体素质也随之变化，而且由于学生的性别不同，身体素质往往也有所差异。

（1）力量素质的发展

力量素质是指人体或身体某部分肌肉在运动时克服阻力的能力。青少年的神经系统和骨骼肌的发育尚不成熟，年龄越小，力量素质越差，而且全身不同部位的力量和不同性质的力量发展情况也不完全一致。我国学生体质调查结果显示，身体各部分力量的发展在时间上是不一致的，腰腹肌力量发展较早，高峰期在 19 岁，下肢爆发力的发展高峰期为 22 岁。

（2）速度素质的发展

速度素质是指人体进行快速运动的能力。速度素质在体育运动中有三种形式，即反应速度、动作速度和动作的速率。在学生生长发育的不同时期，学生的速度素质的发展也是不同的。在学生的低年级时期，中枢神经系统十分发达，其抑制

① 杨景元，董奎，李文兰 . 体育教学管理与教学现状 [M]. 长春：吉林人民出版社，2019.

与兴奋的节律转换能力不断提升，这促使学生的速度素质也不断地发展。后来，随着学生逐渐长大，学生处于高年级阶段，他们的肌肉力量逐渐发展起来，有助于学生在这一阶段的速度素质的发展。

（3）耐力素质的发展

耐力素质是指有机体长时间工作抗疲劳的能力。通常情况下，与速度素质相比，耐力素质发展比较晚，峰值出现的时间也相对较晚。根据运动强度和运动中能量供应的特点，耐力素质主要可分为两类，分别是有氧耐力和无氧耐力。人们工作的特点和强度影响着其耐力的发展。人的耐力得到了发展，体内环境就会更加稳定，机体的心肺功能也会更加强大，对于个体的身体健康发展十分有利。

2. 体育教学与学生心理素质的发展

在体育学习锻炼过程中，学生的体质得到了增强，心理素质也得到了锻炼，学生的身心都得到了发展。通过体育锻炼，可以有效避免大脑供氧、供血不足，在课堂上学生也会思维更加活跃，能有效提升学习效率。体育教师可以引导学生看一些奥运冠军的比赛场景和成长经历，让学生学习奥运冠军那种坚韧不拔、永不言弃的精神品质，锻炼学生的心性，使其能够临危不惧，敢于面对困难和问题，促进心理健康成长。

通过体育锻炼，学生们不仅可以学习到坚定、勇敢、团结、互助等品质，还可以增强体质，促进大脑思维更加灵活。运动的刺激能够激活右脑细胞，导致神经纤维变粗，使思维传递更为广泛和流畅，促进大脑的高效率工作，还能使人体的各个系统保持活跃和良好的代谢状态。体育活动可以锻炼学生的眼、耳、手等部位的协调能力，促进学生的感知与动作的协调，从而促使其感知觉在各个渠道协调发展。在心理方面，教学中可以通过师生的亲密接触，如师生异位方法，激发学生的学习兴趣，调动学生学习的主动性、积极性，增强学生的创新意识，克服思想上的惰性，增强其心理适应性，以此形成民主、平等的师生关系，加强师生沟通，增强师生友谊。

3. 体育教学对学生心理素质的培养

（1）帮助学生建立积极的自我意识

在体育教学过程中，体育教师要鼓励学生，使学生建立积极的自我意识，使他们能够有一个积极的学习态度。体育教师要尊重学生，鼓励学生，唤醒学生的自尊心，引导学生正视自己、尊重自己，逐步树立积极、肯定的自我意识。比如，在长跑 800 米或 1000 米的测试中，运用激励机制，对学生取得的不同程度的进步给予充分的肯定和及时评价，增强学生的自信心。

（2）培养学生的自信心

针对不同的学生，体育教师可以有不同的要求，比如，对于那些体能比较好、身体运动协调能力比较高的学生可以严格要求，鼓励其不断超越自己；对于那些体能比较差、身体运动协调能力不好的学生，就要放低要求，降低动作难度，对其进行个别辅导、循循善诱，鼓励这部分学生慢慢进步，这样才能使他们获得更多的成功体验，从而提高学生的自信心。体育教师也可以对学生取得的进步加以肯定评价，运用激励机制提高其自信心。另外，体育教师还需要营造一个良好的教学氛围，使学生能够感觉到被尊重，感受到一种前所未有的放松，这样，学生能够产生一种良好的心理定式，从而促使其更好地参与学习。

（3）开展抗挫折教育，增强学生承受挫折的能力

有的学生无论是在生活中，还是在学习中，几乎并没有遇到过什么困难，一路顺风顺水，相比起遭受挫折的学生，他们的内心太过脆弱，将来走到社会上很容易就会被一些困难打倒，从而一蹶不振。因此，在教学中适当地对学生进行挫折教育也是十分必要的。体育教师可以根据学生的特点，适当地在课堂中设置一些小障碍，让学生对这些障碍加以分析解决，提高其遭受挫折的能力；在学习过程中要适当地鞭策学生，提高其心理抗挫力。

（4）培养学生顽强的意志力

体育能够开发人的生物潜能和精神潜力，体育教师要采取相应措施，有意识、有计划地强化学生的意志品质，要帮助学生制定个人目标，明确学习目的，树立成功信念。体育教师可以适当增加学生在条件艰苦的环境里训练的次数和强度，通过艰苦锻炼，培养学生的顽强的意志力。

（5）培养学生的竞争意识

体育活动是一种以人自身为对象的改造活动，这种改造活动不仅包括生物学意义上的生命运动，还包括学生的思想意识和人生态度。它通过身体练习来实现人的自我完善、自我发展。体育具有竞赛性，在胜利的时候，人们会品尝到喜悦，

在失败的时候，人们会感到悲伤，学生在体育课堂上可以体验到其中的这份情感，从而触发内心的竞争意识，树立进取精神。

（6）培养学生的团体意识和协作精神

在长跑练习的时候，体育教师可以将学生分成几个小组，并规定小组内每个成员得分之和为整个小组的团体成绩。在这个过程中，学生往往开始注重团体的输赢，力争好成绩，同时会更加注重协作精神，互相支持鼓励，帮助一些平时成绩不太好的学生更快地到达终点。体育教学的大部分内容都具有协同性、群众性和交往性，通过精心地设计、组织和实施，可以提高学生的心理健康水平。

（四）体育学习的功能

1. 发展体能

体能是指身体各个器官的生理机能以及体育活动的发挥水平。体育学习的重要任务就是塑造形体、发展体能，这也是与其他学科的不同之处。体育学习能够使学生的整个身体的形态、姿势、比例更加优美、协调，这是其塑造形体的功能。体育学习能够发展人的机能，提高学生的身体素质和基本活动能力。

2. 发展智能

体育学习过程中，体育教师做有关动作的示范，学生的眼睛观察到动作的形象示范，耳朵听到教师所讲的动作要点，这些信息被传送到大脑中，大脑对这些信息进行分析和记忆，然后亲身体验，在这个过程中，学生的听力、注意力、观察力、记忆力、身体协调能力等都得到了发展。因此，学生的体育学习并不是简单地重复和模仿，它需要学习者的身心共同参与。体育学习促进了智能的发展，主要有两点表现：第一，体育运动使大脑更加健康，改善了大脑的营养环境，从而为智能发展提供了必要的物质支持；第二，体育运动能够发展学生的各种智力因素。比如，在“前滚翻”动作的学习过程中，学生通过听取和观察教师的动作示范和要点讲解，对这个动作有了大致的了解，然后在这个基础上还要对其进行分析——分析其原理、自己该如何做这个动作，然后在分析的基础上进行亲身实验。在这整个过程中，学生的注意力、观察力、记忆力、分析力都得到了相应的发展，智能也得到了发展。

3. 培养意志品质

在体育锻炼过程中，学生的身体会变得疲劳，肌肉会变得酸痛，这都是正常的生理反应。除此之外，学生从心理上也可能会产生胆怯、焦虑等心理状态，产生一定的心理负荷。面对这种情况，学生要积极克服，战胜不良的心理反应，提高自己学习的积极性和主动性，形成良好的意志品质。

（五）体育学习的一般方法

为实现体育课程目标，教师采用一定的"教"的方式，学生也在教师的指导下采用相应的"学"的方式。

1. 自学法

所谓自学法，顾名思义，就是学生自己通过各种途径进行学习的方式，下面针对这些自学方法进行简要介绍：

（1）观察法

观察法是指学生通过感官对即将学练的内容进行有目的、有计划的感知，初步建立动作概念和表象的方法。观察是一种有目的的感知活动。教师在指导学生进行观察时，要使学生明确观察目的和观察的重点。除运用动作示范，还要创造各种条件，广泛使用各种直观教具与现代化的教学手段，以提高观察效果。

（2）阅读法

学生通过对体育相关书籍以及教材内容的阅读从而了解体育相关基础知识与动作原理的方法就叫作阅读法。学生通过对体育教材以及相关报刊、书籍的阅读，知识面不断扩大，开阔了视野，增长了见识，对于体育知识技能相关的理解也越来越透彻。在阅读体育类相关书籍、报刊的时候，学生要格外注意理论与实践相结合，特别是要深入理解某些动作的核心要领和方法，掌握动作的基础元素（动作的方向、路线、时间与用力等特征），并重视自我保护。

（3）比较法和讨论法

在体育学习过程中，针对某些不懂的问题，学生可以翻阅各种资料找出答案，有时候答案可能并不只是一种。在这种情况下，学生就要将这些答案进行比较学习，取众家之长，并加以自己的理解进行分析。学生还可以针对某个问题与其他学生一起交流沟通，在交流中，各自的想法得以碰撞，有时候又会启发出新的想法，互相学习、互相进步。

2. 自练法

当教师向学生讲述清楚体育的相关知识，示范完体育动作之后，学生需要长久练习才能够将其化为自己的肌肉记忆，这时候适合采用自练法。在体育学习中，自练法就是指学生自己有目的地主动练习某一动作的方法。这种自练法包括多种，下面对其进行简要分析：

（1）模仿练习法

模仿练习法是指学生在自己练习过程中，模仿教材、书籍以及别人的动作模式从而形成动作技术和技能的方法。这是粗略掌握动作技能的必要途径。

（2）适应练习法

适应练习法主要是指学生通过再现性动作练习，使自身生理、心理等方面产生适应性变化，为更好地学习和掌握体育的基本技术和技能创设最佳条件的方法。这种适应性练习法重要的是必须建立在形成正确的生理和心理定式的基础上，如果形成错误动作则很难纠正。因此，学生不仅要反复练习某一教材内容，还应选择一些诱导性、辅助性练习，不断提高自身的学习适应能力，只有这样，才能取得更大效果。

（3）反馈练习法

学生通过反馈练习法不断地获取实际演练动作与目标标准动作的反馈信息，从而了解二者的目标差，根据这个目标差来不断纠正自己的错误动作，提高自己的动作技能。在体育动作练习过程中，学生必须根据动作错误产生的具体原因，选择合适的方法并及时进行纠正，否则就会形成错误的动力定型，不仅影响技术的掌握和提高，而且容易造成伤害事故。

（4）强化练习法

强化，有增强、加强的意思，强化练习法，就是通过一遍又一遍的练习来提高自己对某些动作的了解和熟练程度，反复练习，以强化自己的记忆与理解。同时，在这个过程中，其所创设的外部环境和练习条件要尽量复杂多变。强化练习法的目的是使已掌握的动作技术形成良好的动力定型和熟练的动作技巧。教师在指导学生自学、自练时，要注意激发他们强烈的学习动机，树立远大的志向和抱负，养成独立自主、长期坚持的习惯；重视向他们传授自学、自练的知识和方法，创设有利于激发学生自学、自练活动的教学环境和条件，让学生独立自主地练习，提高他们自学、自练的能力。

3. 自我评价法

自我评价法是指学生在动作练习过程中，通过对自学、自练行为价值的评定和判断而采取控制与调节的一种方法。自我评价是学生独立地控制与调节自身学练行为的必要先决条件，学生通过正确的自我评价，能产生自我批评的态度，进而产生一种积极向上、勤奋进取的自我调节机制，表现出能够自我控制的倾向，既能正确地评价自己的学练成绩，又能正确地评价他人。

第二章　高校体育教学设计的概念与理论

本章为高校体育教学设计的概念与理论，主要介绍了四个方面的内容，依次是高校体育教学设计定义与内涵、高校体育教学设计原则与要求、高校体育学习者与教学设计的关系、高校体育教学设计的理论基础。

第一节　高校体育教学设计定义与内涵

一、高校体育教学设计的定义

（一）体育教学设计的概念

体育教学设计是一个系统化的过程，它是在众多理论（学习理论、传播理论、体育专业理论）的基础上运用系统方法确定体育教学的目标，分析教学中遇到的问题，并设计解决问题的策略和试行方案，分析评价结果，不断改进方案的过程。体育教学设计的目的并不是发现新的理论规律，而是运用已知的体育教学的相关理论和规律去解决问题，探索出一条符合学生认知水平和心理发展特点的体育教学之路。

要更进一步认识体育教学设计的概念，可以从以下几方面入手：

第一，体育教学设计是一种有创造性和决策性的研究活动，它必须以基础知识和实践活动为基础。也就是说，体育教师必须有深厚的知识储备，知晓一定的理论规律，有足够的教学经验，才能在这个基础上开展体育教学设计。

第二，体育教学设计是一个系统规划的过程。体育教学是一个系统，系统中的各个要素相互关联、不可分割，体育教学设计就是运用系统化的方法对体育教学系统各个要素之间的本质联系进行研究、探索，然后通过一定的操作步骤来对这些要素进行协调配置，使之有机结合，最终实现教学系统的功能。

第三，体育教学设计的目的是解决体育教学过程中的一系列问题，并寻求最佳的解决方案。

第四，一个能够直接在教学过程中使用并实现预期功能，达成教学目标的教学系统，就是体育教学设计的最终结果，它是在不断验证中实现的。

高校体育教学设计面向整个高校体育教学系统，它属于设计学的范畴，但在设计时仍需确保严格遵守高等教育体育教学的原则。总体来说，高校体育教学设计是解决高校体育教学中存在的问题的一种特殊的设计活动。

（二）高校体育教学设计的基本理念

随着高校体育教学目标和要求的不断改善，教师在进行高校体育教学设计的时候，也应该以教学目标为前提，更新教学设计理念，保证教学设计符合现代教学目标的需要。作者通过对我国高校体育教学的分析和研究，将高校体育教学的设计理念整合如下：

1. 创设游戏情境，激发学生的学习兴趣

任何阶段的学生都具备好奇、追求趣味的心理，在高校体育教学的过程中，教师如果根据教学目标、学生特点、教学内容创设合适的体育情境，并且以游戏或比赛的形式呈现教学内容，就可以培养学生的学习兴趣，活跃学生的主观创造性，丰富学生的精神生活，从而促进学生主动学习。例如，教师在向学生传授篮球知识和技能的时候，可以将学生按照篮球运动的规则分成两组，以比赛的形式让学生练习，这样不仅能吸引学生的注意力，同时能激发学生的兴趣。这样的教学方式，为教学过程注入了很多新鲜元素，激发了学生的兴趣，使学生能够主动地参与教学活动，利于教学效果的实现。因此，在教学设计的过程中，教师要注重创设游戏情境。

2. 创设操作情境，培养学生的自主能力

学习是学生取得知识和技能的过程。在教学的过程中，要让学生学会学习，就要按照学生的思维和认知的发展规律组织教学。现代的教育理论强调要让学生参与到教学中，而不是做个学习的“目击者”。因此，教师在进行高校体育教学时，必须提高学生的积极性和参与性，这样才能将学生推到主体的地位上，更有利于学生对相关教学知识和技能的掌握。例如，在向学生介绍某一运动的规则时，如果用传统的教学方式向学生讲授记忆的方法，学生很难掌握所有的规则。但是，如果在比赛的过程中让每一位参赛的队员记住比赛规则，场外的队员做裁判；或是通过一些视频向学生讲解此运动的规则，那么就会取得事半功倍的效果。因为在这种教学过程中，学生会不由自主地置身其中，将每一条规则与运动的步骤紧密联系起来，这就增加了知识之间的紧密性，便于掌握相关教学内容。因此，在教学的过程中，教师要注重创设操作情境，培养学生的自主学习能力。

3. 创设问题情境，培养学生的探索能力

教学的过程实际上就是师生之间合作展开探索活动、共同发现教学中的问题、创设问题的解决方案，最终得出解决问题的途径。因此，在教学过程中，要善于从新知识中发现问题，并通过一系列问题情境的创设，将学习过程中新旧知识之间的矛盾展现在学生面前，让学生自主意识到问题的存在，激发学生解决问题的动力，促进他们积极主动地参与到问题的讨论和探索的行列，从而促使学生在探索的过程中不断发现问题、解决问题，提高他们对体育学习的认识，增强他们学习的积极性。比如在教授学生立定跳远时，教师可先向学生抛设一些问题，如，青蛙是怎样起跳的？青蛙落地的姿势又是怎样的？让学生首先模仿青蛙的姿势练习立定跳远，然后选择部分学生发表自己尝试后的感想。这种层层切入问题的教学方法，有利于激发学生探索的兴趣和欲望，增强学生的学习动机。因此，创设问题情境，能够培养学生的探索能力。

4. 创设交流情境，培养学生的合作精神

小组合作学习是活动教学中一种有效的形式，既能激发学生的参与热情，全面地照顾到每一个学生，又有利于加强学生之间的交流，使学生能够学习别人的长处和优点；同时小组活动的开展，可以培养学生的合作精神和集体精神。因此，在教学过程中，为了保证教学的有效性，要按照教学的内容和特点，有计划地组织学生进行讨论，为他们提供交流的环境，培养他们独立思考的习惯，营造表现自己、发展个性的环境。例如，在教授学生跳远腾空的动作时，对学生进行分组，让学生自由讨论，由学生在合作的过程中互相启发，形成最佳的思路和方法。用这样的教学方法，不仅能促使学生个人的思维在集体智慧上得到发展，而且在活动的过程中，学生之间的交流和讨论形成了集体的凝聚力，提高了学生的人际交流能力；此外，还能激发学生的集体荣誉感，使学生在合作的过程中积极地动手、动脑，促进教学效果的提高。因此，在进行高校体育教学设计的时候，要合理地创设交流情境，培养学生的合作精神。

5. 创设生活情境，培养学生的实践能力

体育起源于人们的日常生活，是人们生活中的一部分。体育情境源于生活，也可以说，生活中处处充满体育。教师在进行高校体育教学设计的过程中，也要秉承促进两者之间相互融合的原则，让体育贴近生活，这样才能使高校体育教学生活化，易于被学生理解和接受，同时有利于学生发现高校体育教学的价值，增强学生对体育知识和技能的认识，提高学生的实践能力；要尽量创设生活的情境，让学生体验生活原型，再现生活的事实，激发学生的学习热情。如在向学生讲授投掷实心球的时候，教师首先可以让学生分别模仿在日常生活中如何将一个很重的物体扔出去，然后由教师纠正学生投掷时的动作，最后让学生按照纠正后的规范动作进行空手演练。这一生活情境的创设，可以消除学生对新知识的紧张感，使学生兴致勃勃地参加投掷实心球的练习，并且通过练习掌握正确的用力方法，形成正确的投掷姿势；同时可以让学生深刻认识到学习到的知识能在生活中发挥作用，培养学生对体育价值的认识，增强学生在生活中用体育知识解决实际问题的意识。因此，教师在进行高校体育教学设计的时候，要注重创设生活情境，培养学生的实践能力。

二、高校体育教学设计的内涵

（一）体育教学设计的一般特征

1. 体育教学设计的系统性

高校的体育教学设计过程并不是杂乱无章的，而是有其完整的流程，它具有系统性，层次分明。为了保证“目标、策略、评价”的一致性，在进行体育教学设计的时候，首先要设定体育教学目标，然后根据目标设计体育教学的各个环节。要从整体功能出发，综合考虑体育教材、学生、教师、体育教学评价等多个方面，不断改进，使其相互补充，相互促进，相辅相成，从而优化教学效果，确保体育教学设计的系统性。

2. 体育教学设计的创造性

设计就是一个创造或创作的过程，同样，体育教学设计也具有创造性的特征，体育教学设计就是创造性地解决体育教学问题的过程。现代体育教学设计理论应该反映体育教学目标、方法和条件之间的多种关系，并揭示影响这些关系变化的要素，构筑理论框架。体育教学设计是一项极富创造性的工作，在这个创造的过程中，设计者明确体育教学设计的需要和策略，然后对其因素进行简化或归纳。体育教学设计的设计者通常是有经验的，在这个创造过程中，他们能够通过直觉对自己的思路进行分析和判断。因此，体育教学设计的设计者必须有创造性，这样才能确保体育教学设计思想的丰富性，寻找问题解决方案的独特性和新颖性。

3. 体育教学设计的灵活性

在对高校体育教学进行设计的时候，不要死板教条，要灵活看待。有时候设计的实际工作并不是必须按照流程图的线性程序进行，而是要根据不同的情况和要求，从实际下手，因地制宜、因时制宜，灵活地展开体育教学设计工作。

4. 体育教学设计的科学性

高校体育教学设计具有科学性，它尊重教与学的规律，尊重学生的生理和心理发展规律，尊重学生的运动规律，尊重学生的个性和兴趣爱好，并且是在众多理论的指导之下完成的，比如体育教学论、运动生物化学、体育保健学、人体解剖学等。在上述的基础上，它建立起合理的、科学的体育教学的目标、方法和内容的策略体系，并科学地运用系统方法分析和策划各个体育教学的要素及其联系。

5. 体育教学设计的具体性

体育教学设计中存在着一些具体问题，依据这些具体问题而发展起来的理论和技术就是体育教学设计，因此，体育教学设计具有具体性。例如，在分析学习任务时，体育教学设计者或体育教师必须仔细剖析体育教学目标中所包含的概念、规则和行为等，并在此基础上提出具体的教学步骤和方法。

6. 体育教学设计的艺术性

体育教学设计具有艺术性，在进行设计的时候，给予其独特的审美价值，给人以完美的审美体验，突出其艺术性。艺术的真正价值在于创造性，所以，在体育教学设计过程中，体育教师要充分发挥自己的创造力，开阔思维，根据具体实际条件，设计出具有独特审美价值的方案。

（二）体育教学设计的意义

体育教学设计的主要任务就是解决体育教学过程中的问题，优化体育教学过程。具体来说就是通过预先的规划与设计，使相同的问题在今后类似的体育教学情况下不再出现或减少出现的频率。体育教学设计虽对体育教学不起决定性的作用，但影响是不容忽视的。它在体育教学过程的初始阶段，对体育教学过程起着宏观调控、指导与定向的作用，是体育教学目的实现过程的具体演说，它的优劣直接决定着体育教学过程和教学效果的优化与否。

1. 使体育教学工作科学化、现代化

现代体育教学设计是以学习理论与教育心理学有关理论为依据，从体育教学的科学规律出发，应用系统方法解决体育教学问题，这就使体育教学活动的设计摆脱了经验主义而纳入科学的轨道上，使广大体育教育工作者易于接受，并能在体育教学实践中进行传承。因此，要使体育教学工作科学化，就应当提倡学习和运用体育教学设计这门教学技术。

2. 提高体育教师解决问题的能力

在体育教学过程中难免会出现一些问题，体育教学设计提出了一套确定、分析、解决体育教学问题的原理和方法，可以培养体育教师的科学思维，帮助体育教师系统性地解决体育教学问题，提高体育教师分析、解决问题的能力。

3. 实现体育教学理论与实践的结合

随着教学改革的不断深化，体育教学研究也在进行改革，努力实现体育教学理论与实践的结合。一方面，它可以将体育教师实践过程中总结出来的经验进行升华，充实和完善体育教学理论；另一方面，它可以将已有的体育教学理论和研究成果运用于实际的体育教学之中，从而取得更好的教学成果。

4. 有利于提高体育教师素质

体育教学设计是一种比较合理的、科学的方法，它不仅能更加科学合理地对学生展开教学，而且有助于体育教师队伍素质的提升。通过体育教学设计，体育教师可以掌握科学的体育教学理论和方法，在体育教学实际运用中不断提升自身的素质和能力，最终成为体育教学专家。

5. 有利于优化体育教学质量

体育教学设计的目的就是设计出低耗高效的教学过程。在教学设计过程中，人们通过对学习需要、学习内容和学生的客观分析，减少了许多不必要的内容和活动，然后通过正确阐述教学目标，科学合理地制定教学策略，精心地选择教学媒体，准确有效地测定和分析体育教学结果等措施，使体育教学活动取得最佳效益，从而提高体育教学质量。所以，体育教学设计有利于优化体育教学质量。

通过上述内容可知，体育教学设计有益于体育教学，但是有一些缺陷，例如体育教学设计对于某些学习目标难以明确的教学无能为力。而且，体育教学设计作为一个系统化的组织过程，容易忽略专门、精确的细节，这给体育教学设计的实施带来一定的不确定性，因而会导致体育教学过程的失误与偏差。但总体来说，体育教学设计为教学活动的进行打下了基础，有深远的意义。

（三）高校体育教学设计的层次

1. 学段高校体育教学设计

学段高校体育教学设计一般是以年级为教学单位，根据本学段的高校体育教学设计和要求，参照本年级的教材、学生的特点、教学的实际，对课程进行整体的研究和规划，并将其分配到各阶段的教学设计之中。

（1）学段高校体育教学设计的注意事项

作者根据对学段高校体育教学设计过程的分析和研究，得出此阶段的教学设计应该注意以下两个方面：第一，以学生所处学习阶段的不同进行划分，这样能够保证学生起点的一致性，便于教师教学过程的实施，如按照年级的不同对学生进行划分；第二，以学生的身心发展特点为主要的划分依据，因为学段体育本身就是按照学生身心发展的阶段来划分的，所以，在对不同学段的学生进行教学的时候，更多的是要依据学生的身心发展特点进行教学设计。

（2）学段高校体育教学设计的要求

第一，要认真领会国家制定的高校体育教学指导性文件，认真钻研《义务教育体育与健康课程标准》，保证所进行的高校体育教学设计符合国家教育行政部门的要求。

第二，认真研究本阶段学生的身心特点、认知规律以及兴趣爱好，认真研究教学过程对教学场地、器材和师资条件的要求，明确高校体育教学条件是否满足教学内容的需求。

第三，在进行教学内容设计的同时，要考虑内容之间的连续性、逻辑性，合理地设计教学内容，同时要考虑教学内容与学生身心特点之间的关系，保证教学内容的可操作性。

第四，学段高校体育教学设计要为高校体育教学总目标服务，因此，在进行学段教学设计的时候，要考虑上下学段之间的衔接。

2. 学年高校体育教学设计

学年高校体育教学设计以年级为单位，由于这种教学设计对学生的范围有一定的规定，因此，应该根据学段高校体育教学计划和本年级学生的认知规律以及身心发展的规律进行教学设计，按照高校体育教学知识的内容、特点以及知识之间的关系，将教学内容安排到两个学期中。这种教学设计一般由学校的高校体育教学部门进行确定。

3. 学期高校体育教学设计

学期高校体育教学设计是学年高校体育教学设计的下位，又被称为教学进度。教师在进行教学设计的时候，应该根据高校体育教学计划和本学期的气候条件，在学年高校体育教学设计和计划中对本学期的教学任务进行深刻的梳理。为了方便高校体育教学过程的实施，在进行教学设计的时候，要按照教学内容将其分为不同的教学单元，同时，根据本单元的教学内容及与其他单元之间的关系，确定单元教学目标。

（四）高校体育教学设计的工作内容

1. 制定合理的教学目标

教学目标是教学过程中的指导者，为高校体育教学指明了方向，在教学过程中规范了教师的行为，保证教学任务的顺利完成；同时，教学目标是高校体育教学中的重要组成部分，是衡量学生教学效果的指标之一，也是判断教师教学质量的有力依据。

2. 选用适当的教材

教材是教学的依据，是保证教学目标顺利达成的基本条件，是教师教学的参考。教材的内容一般是根据特定阶段学生的生理特点、心理特点编写的，具有实际针对性。在选用教材的时候，教师应该对所教授学生的特点进行分析，选择具有教学针对性的教材。

3. 设计合适的传递媒体

任何一种知识和技能只有在合适的传递媒体中才能发挥其根本作用，因此在教学设计中，对教学媒体的选择也是一项重要内容。高校体育教学传递媒体的设计一般是根据所传授的知识或技能的特点、教学条件和学生的特点等多方面确定的，以便提高高校体育教学的质量，保证教学活动能够顺利开展。

4. 编排合理的教学过程

教学过程是保证高校体育教学的基础，是高校体育教学得以科学、有效进行的保证。高校体育教学较为复杂，因此需要在教学的过程中进行合理安排。其作用一是保证了教学顺利开展，二是提高了教学的效率，三是提高了教学过程的科学性，四是促进了教学质量的提高。

5. 开发有特点的教学模式

所谓有特点的教学模式，实际上就是指根据教学实际的需要，根据教学内容制定的具有教学针对性的教学模式。这样的教学模式能够保证教学过程的科学性，同时有利于教学任务的实施。

6. 运用合理的教学技术与手段

教学技术与手段是衡量教学质量好坏和教学过程科学性的因素之一，合适的教学技术与手段能够促进学生对教学内容的掌握，这是因为任何一种教学内容都有其相对应的教学技术和手段。教学技术和手段是知识和技能传播的载体，是教学设计中最终的组成部分之一。

7. 设置优良的教学环境

教学环境是整个教学过程进行的载体，好的教学环境是保证教学正常开展的必要前提，能够对教学起到很好的促进作用。任何一种教学任务的完成都离不开教学环境的支持，没有教学环境，教学活动就无法得到发展。

8. 组织团结互助的学习集体

高校体育教学与其他学科教学的不同之处在于，高校体育教学注重教学的实践性，在教学的过程中，为了充分发挥高校体育教学的作用，教师通常需要进行分组教学，以提高学生的学习热情，培养学生的集体意识、团结精神和社会交际能力。因此，在高校体育教学设计中，组织团结互助的学习集体至关重要。

9. 制定适当的评价方法

评价是对教学过程的反馈，能够使学生和教师清楚地认识到教学过程中存在的不足，以便及时地进行调整和改进，保证教学的质量。适当的评价方法能够对教学过程中的相关因素进行科学评价，有效地反映教学中的不利因素。因此，制定适当的评价方法在教学过程中发挥着重要作用。

因为高校体育教学设计问题几乎涉及了高校体育教学中的所有内容，所以，在进行高校体育教学时，教师要根据实际内容确定高校体育教学设计中的相关问题和工作，将高校体育教学设计中的相关工作落到实处，保证教学活动的开展。

（五）高校体育教学设计发展的建议

随着时代的发展和进步，高校体育教学设计这一工作逐渐引起人们的重视，很多教育学者把高校体育教学设计作为自己日常工作中的一个重要组成部分。但是从高校体育教学设计的现状来看，我国对高校体育教学设计的研究尚未取得理想的效果，仍需要进一步研究。在进行高校体育教学设计时应该从以下两个方面入手：

1. 始终坚持“以人为本、促进学生学习发展”的教学设计理念

教学设计实际上就是教师在讲课之前对课堂教学相关步骤的设计和把握，是保证教学过程正常进行的首要步骤，也是教学正常开展的前提和关键。高校体育教学的最终承受者和受益者都是学生，而且教学活动也只有在学生的参与下才能完成。因此，为了保证高校体育教学过程的主体性，应该在进行高校体育教学设计的时候坚持“以人为本、促进学生学习发展”的教学设计理念，这也是促进高校体育教学正常开展的理论基础。

因为高校体育教学是针对学生开展的教学课程，所以，学生的主体性应贯穿教学过程中的每一个环节。在这种背景下，对高校体育教学目标、教学内容、教学方法、评价方法的变革等模块进行设计的过程中，都要坚持以学生为本的原则，要根据学生的学习需要、认知规律、身体需要、社会需要等进行精心的设计。一切都是为了培养学生的体育知识，提升学生的体育操作技能，保证教学过程的针对性。

2. 以教育部印发的《基础教育课程改革纲要（试行）》为依据，以新课标为参考进行教学设计

体育贯穿学校教育的始终，是培养新型体育人才的摇篮，也是增强我国高校体育教学能力的关键，高校体育专业毕业的学生一般会从事高校体育教学工作，

为体育教育事业贡献自己的一份力量。

随着新课标的推行，社会对高校体育教学的要求以及培养体育人才的要求都已经发生了变化，这就要求教师在教学的过程中要具备实施新课标的能力。再加上新课标的影响，使每位体育教师都必须具备新型的教学能力。在这种要求的基础上，任何一个阶段的高校体育教学设计都应该建立在《基础教育课程改革纲要（试行）》的基础上，明确对高校体育教学的要求，了解高校体育教学创新的方向，保证在新课标各种教学思想和教学纲要的指导下实现教学目标。

第二节　高校体育教学设计原则与要求

一、高校体育教学设计的原则

（一）健身性原则

高校体育教学的设计具有健身性原则。体育教学的目的不是培养运动员或运动健将，而是增强学生的体质，使学生掌握体育运动的相关知识和技能，养成锻炼习惯，促使其终身锻炼。

在对高校体育教学进行设计的过程中，不能像体育学校那般过于严格，而要根据学生的生理、心理以及运动技能形成的相关规律来对教学方法、教学内容等进行安排，科学地进行健身。体育运动往往伴随着肌肉酸痛等生理痛苦，不过在完成体育运动之后，内心往往会感到一种特殊的、与众不同的快乐。它是一个快乐与痛苦、失败与成功并存的过程。但是，学生往往对前期的生理痛苦望而却步，不是特别愿意进行体育运动。对于体育教师来说，如何调动学生的积极性，提高学生进行体育运动的热情，是目前需要考虑的问题。同时，体育教师要注意，在让学生进行体育运动的过程中，也不必进行几十次甚至几百次的训练，不要过于追求运动强度与运动量，而是要把握好一个“度”。

（二）多样性原则

高校体育教学设计遵循多样性原则，对此，下面进行简要叙述：

1. 教学方法的多样性

在高校体育教学设计过程中，教学方法不要过于单一，否则容易引起学生的厌烦心理，学生也无法集中注意力。比如，在教学过程中，可以使用语言口令，也可以使用数字口令，还可以用音响节奏来控制教学进程等。

2. 组织形式的多样性

在高校体育教学设计过程中，要确保组织形式的多样性，体育课上学生的组队人数可以根据教材内容进行变化，比如，瑜伽课、篮球课、田径课分别是不同的人被分到一组；学生的队列也可以变化，可以是两列，可以是四列，学生的练习伙伴以及前后左右的同学可以时常进行调换，从而使学生始终保持新鲜感，更加有积极性。

3. 授课内容的多样性

在体育授课过程中，要尽量多样化、新鲜化，要随着教学进程的变化不断地调整教学内容，使学生始终保持新鲜感，提高学生的学习兴趣。

4. 评价方式的多样性

在高校体育教学设计过程中，要确保评价方式的多样性，扩展学生的获奖面，不要仅仅评判学生的动作质量好坏，或者只是针对体育教学的最终结果进行量化评价。为了调动学生的学习积极性，体育教师可以增设多种奖项，如动作达标奖、克服困难奖、进步奖、超越奖等，对于学生每一个微小的进步都要予以奖励。体育教师还可以将定性评价和过程性评价引入评价体系，更加全面地对学生进行评价。除了教师评价，还可以让学生进行自评、互评，使学生能够更好地认识自己、正视自己，从而更好地进步。

5. 教具使用的多样性

在高校体育教学设计过程中，要保证体育教具使用的多样性，场地布置也要尽量保持新颖，这样才能够吸引学生的注意力，增加学习兴趣，使其能够更加热情地参与到体育学习之中。可以在完成规定的体育教学任务之外，依据当地的具体情况，挖掘乡土教材，将一些有特色的体育项目展示出来，如朝鲜族的荡秋千、满族的珍珠球等；还可以向学生介绍和展示一些新型的运动项目，给学生以新颖刺激，如跳方格、踢毽子、竹竿舞、打口袋等。

（三）选择性原则

高校体育教学设计要遵循选择性原则。所谓选择性原则，就是指要满足学生的学习欲望，给学生展示自己的机会，为学生提供选择空间，创造选择条件，在适当的基础上，扩大学生的选择范围。这样，学生能够在兴趣的基础上发挥出主动性，自主地选择自己期望的体育活动，激发自己的无限潜能。

1. 教学难度的选择

不同的学生有着不同的兴趣，自身的生理以及认知状况等也有差异，在高校体育教学设计的过程中，要设置不同的教学难度，分层次对学生进行教学，因人而异，以满足不同学生的求知欲与兴趣爱好。学生在学习的时候，可以依据自己的个人情况自由选择适合自己特点和能力的体育活动。比如，体育教师可以将跳高或者是跳箱设置为不同的高度，便于学生选择练习。

2. 练习项目的选择

在设计高校体育教学的时候，练习项目也要尽量多样化，以满足不同学生的选择需求，在学校场地、器材允许的范围内，教学内容可行的情况下，可以增加一些有趣的其他运动内容，来激发学生的学习兴趣。

3. 学习方式的选择

依据高校体育教学设计的选择性原则，学习方式的选择也要尽量多样化，不要仅仅使用过去的那种教师传授知识技能学生被动听讲练习的方式，以免学生产生厌倦心理，不利于体育教学。学生可以自主选择学习方式，比如可以选择教师辅导练习，学生单独练习，学生两两互相纠正练习等。

4. 练习和配合对象的选择

高校体育教学设计的选择性原则还包括练习和配合对象的选择，体育教师可以将这个选择权交给学生，由学生自主配对，自己选择练习对象，增强互相之间的沟通和交流，充分发挥其潜力。

（四）竞争性原则

在远古社会，人类要想生存，就必须同大自然竞争，直到今天，竞争已经存在于社会的每个角落，贯穿于人类社会始终。体育是一门充满竞争性的学科，所有的体育项目都有着不同的竞争因素，体育内在的魅力与吸引力便是其竞争性。竞争包含自己与自己的竞争，还有自己与他人的单人之间的竞争、集体间的竞争等。因此，在高校体育教学设计中必须体现竞争性。由于每个人是不同的，存在着差异，在体育教学遵循竞争性原则的时候，还要始终保持公平合理。这样，每一个学生都能够参与竞争，能从竞争中获得益处，并获得成功的体验，内心产生一种满足的愉悦感，这也能激励他们不断前进。

（五）趣味性原则

高校体育教学设计要遵循趣味性原则，这样也能够吸引学生的注意力和兴趣，促使他们积极地参与学习。一般来说，体育游戏都会将趣味性、娱乐性、竞争性融为一体，学生在游戏的过程中既学习到了体育技能，同时又享受了竞争性和趣味性，最终也使课堂氛围变得更加活跃，提高了教师的“教”与学生的“学”的质量。

二、高校体育教学设计的要求

（一）牢记创新教育思想的目的

随着时间的推移，社会的发展，新课程改革逐渐推进，在这个过程中，创新是其中的重点内容。在素质教育实施的过程中，创新更是核心。创新教育要求教师不仅要传授知识技能，更要注重培养学生的创新能力和实践能力。在教学过程中，要始终牢记创新教育思想的目的，促进学生的发展，在教育教学的目标、思想观念、行为意识、学习过程等方面进行创新，从而树立新的体育教学观念，推动体育教学改革。

（二）明确教师角色转变的意图

随着新课程改革，教师的角色逐渐转变，新课程以及现有社会对教师的要求也越来越高，主要从以下四个方面进行体现：

第一，教师不再是知识传授者，开始与学生展开良好的合作交流，师生关系也逐渐紧密，教师逐渐成为学生学习过程的合作者。

第二，教师不再是简单地对学生的行为、成绩等做出评判的裁判员，而是开始鼓励学生、欣赏学生，以求提升学生的自信心与积极性，教师逐渐成为学生行为的热情欣赏者。

第三，教师不再是教学的支配者，在教学活动中，教师的主体作用逐渐消退，学生开始占据主体地位，教师逐渐成为学生学习活动的促进者。

第四，教师不再是两耳不闻窗外事的教书者，现代社会的发展速度很快，教师也开始研究教学方面的前沿动态，逐渐成为适应新课程发展的研究者。

（三）升华教学技能的艺术品位

随着新课程改革的不断推进，新的教学理念与现代教学技术不断发展，在新的时代背景下，体育教师既不能过于守旧，一直沿用传统教学技能，但也不可将传统教学技能全部摒弃，全盘接收现代教学技术的一切。总而言之，当前体育教师所面临的问题就是如何将传统教学技能与现代教学技术相结合的问题。传统教学技能与现代教学技术相结合，就是要在继承和发扬传统教学技术精华的基础上，掌握新的教学理念和现代教学技术，升华教学技能的艺术品位，适应现代教学的需要。

（四）设计贴近生活实际的教学内容

在高校的体育活动中，学生获得的运动技能、合作能力等都可以向着日常的生活和学习进行迁移，体育活动能够发展学生的社会适应能力。因此，高校体育教学设计要贴近生活实际的教学内容，从而培养学生的社会适应能力。在高校体育教学设计中，要采取有效的教学方法和教学手段，比如，学习武术的目的是强身健体，增强防御能力，保护自身安全，所以在武术教学中要突出攻防意识的教学，要向学生讲解清楚；再比如，原始人奔跑着躲避猛兽或追逐猎物，如果要准备起跑动作，那么很可能就会被野兽杀死或空手而归，不过，跑步的起跑动作在比赛中是有用的，可以助力人跑得更快，但在培养人的社会适应能力方面，起跑动作是没有实际意义的。

（五）搭建展示学生自我的平台

高校体育教学设计要搭建学生自我展示的平台，为学生提供机会，培养学生的主体意识，提升学生的自信心，让学生感受到成功的喜悦，从而促使其不断进步。

第三节　高校体育学习者与教学设计的关系

为了进一步实现体育教学目标，满足学习者学习需求，在对教学内容进行深入分析的同时，还应客观、正确地分析教学对象本身，因为学习活动来源于学习者需求，学习者是主体和中心，所以体育教学设计应基于学习者实际而具体制定。

一、学习者的分析

为什么要对学习者进行分析，其根本目的是突显学习者在学习中的主体地位，从而激发学习者的主观能动性和积极性，更有利于使学习者在学习中取得成就。这样做的原因有两个：第一，为了具体了解学习者的学习能力状况，称为“学习准备状态”；第二，为了了解学习者原有的知识认知程度，称为“目标能力状态”。在对这两种状态充分了解之后，将它们进行整合，进而设计出教学活动，引导学习者重建自己的认知结构。因此，想要让体育教学设计达到预期的效果，务必要进行学习者分析。

（一）分析学习者的认知结构

认知结构是指一种反映事物之间稳定联系或关系的内部编码系统，或者说，是某一学习者的观念的全部内容与组织。

认知结构会影响学习和理解新知识，有积极影响和消极影响两个方面。消极的因素有：已有的不完整理解错误观念、对概念的片面解释、不良的学习策略方法、消极的学习态度和价值观等，都会对新知识的学习产生消极影响，以至形成不良的认知结构。正确的认知结构对学生学习的积极影响主要有：促进有意义的学习、帮助学生提升学习效率、增强问题解决能力、激发学习动机和兴趣以及促进个性化学习等。

（二）分析学习者的行为

系统分析学生的行为是首要任务，而体育教学设计的核心工作就是设计便于指引学生学习行为的教学方案。

1. 分析行为客体与目标

确定好学生行为的客体与目标是体育教学设计的首要任务。制定学生行为目标的可能是教师，也有可能是学生对照教学目标选择出自己擅长与热爱的。换言之，确定教学目标不是分析学习行为目标的主要因素，而是判断学生对于教学目标的理解与取舍。

2. 分析学习者的特征

学习起点、学习风格以及人际交往等特征都属于行为主体特征。所谓学习起点，就是指学生目前拥有的知识技能水平、情感态度等。学习风格就是指学生在学习过程中养成的学习习惯，如在什么时候学习、在什么环境下学习、用什么思考方式等，换言之就是学生学习的偏爱，如有的学生喜欢排球，而有的学生喜欢篮球。人际交往特征就是学生在进行人际交往时所表现出来的特征，如内向或外向等特征。

3. 分析学习团体与角色分工

明确学习者在进行学习过程中的人际环境。以班或学习小组为单位的都属于学习团体。进行教学设计时，要观察学生之间的交往规则，在交往规则的基础上帮助活动团体制作出有针对性的活动行为规范。若学习行为需要进行角色分工，就要辅助学习小组明确分工。分工要明确到个人，包括任务的划分、每个人应该尽到的职责与义务等。例如在一次运动季里，学生根据自己的喜好自由组队，或者是体育老师根据学生的能力进行分组。在这个运动季中，学生以小组的形式进行体育活动，小组选出一名组长，并在组长的带领下，一起研究比赛的技术与策略，利用这样的团队模式帮助学生养成团队合作意识。

4. 分析学习者学习行为的构成

在体育教学设计过程中，一定要掌握构成预期行为的活动有哪些，目标又是什么？是由哪些操作构成的这些活动？约束的条件是什么？关于这些问题的分析可以通过学习任务分析和过程任务分析两种方式来进行。对学生进行运动教育的目的就是借助这些真切的运动情境让学生取得全方位的教育与发展，成为一个有能力、有教养、有激情的运动参与者。

有能力的运动者，就是指掌握的技能足够多，参与比赛的运动技巧足够强，遇到问题能够及时提出解决办法，并具有丰富的运动知识的人。

有教养的运动者，就是指通过运动教育之后能够尊重运动规则并懂得运动传统习俗与礼仪的人，不仅能辨别运动是非，还拥有运动欣赏的能力。不管是参加运动比赛的运动者，还是观看比赛的观众都应该具有良好的运动教养。

有激情的运动者，就是指通过运动教育后能够积极参与各种不同民族运动以及学习不同民族地区运动文化的人，学习之后还要积极传承下来，为运动文化付出自己的精力和时间，将各类运动文化很好地发展开来，为他人在运动中的成功奠定基础。运动教育有一些非常重要的目标，如：在课余时间能够积极地参与运动；学习有关训练和裁判的知识；提高解决运动问题的能力；发挥欣赏特殊的运动习俗与运动仪式的能力；学会团队合作，朝着同一个目标前进；尝试扮演领导角色培养自己的责任心；学会与他人分享运动经验并具备与他人共同策划运动的能力；积极参与适合自己身心发展的运动；在进行运动比赛时，具备评价与运用战术的能力；发展自身的专项运动技能等。

5. 分析学习者的学习工具

一般情况下，学习工具分为效能工具、认知工具和交流工具。所谓效能工具就是指能够为学生工作效率提供促进作用的工具，如场地、器材以及组织安排等。认知工具就是指为学生发展思维方面的能力提供各种方式如体育知识系统、数据库等。交流工具则是促成师生间进行沟通的重要工具，如合作交流、探讨等。设计者在制定教学目标的时候，要先对学生的学习工具进行分析，了解不同学习工具的特征与性能并加以掌握。

通过上述的这些内容，设计者可以比较清晰深入地了解学习者的行为，然后针对学生的这些行为加以选择和设计，指引学生的学习行为。设计和选择出来的学习行为分工是明确又公平的，而人际交往的规则也是明了易执行的，对于这种行为的认知工具来说既多种多样又容易取得。学习行为从整体来说就是操作与基本活动都容易完成，评价的标准不仅明了又便于实施。

二、影响学习者的教学因素设计

在高校体育教学中，学习环境是影响学习者学习效果的重要因素之一。

学习环境，顾名思义，就是学生学习的环境，它主要由两部分组成，分别是人际关系和学习资源。人际关系很好理解，就是人与人之间的关系，包括学生与学生之间的关系，教师与学生之间的关系。学习资源，就是指学生的资源，包括学习背景（包括学习场地和学习空间）、能够获得信息并保存信息的学习认知工具、学习者的学习材料（如教材、课外书籍、报纸、杂志）等。

要对学习者的学习环境进行分析，从而确定如何进行教学设计。其首要任务是遵循学习行为的需求，确定好需要维护的人际关系以及需要提供的学习资源。同时，为了最大限度维护学生的学习行为，要为学生提供一个良好的学习环境，要尽可能全面，在劳动分工方面要公平公正，体育教学中设置的行为规范要精准无误，人际交往规则要简洁易行，学习认知工具要容易获取并方便使用。

此时，教师不再是学习材料的主要来源，而是处于人际关系的层面。同时，教师不属于学习者的辅导老师，而是一个学习群体中的学习参与者，不仅要借助人际关系来引导学生管理好自己的学习活动，还需要利用学生这个身份融入学生的学习活动当中，亲自体验。

第四节 高校体育教学设计的理论基础

体育教学设计是一门应用性较强的学科，是一种以解决教学问题、提高教学质量为目标的计划过程和操作程序，因而，要做好体育教学设计需要足够的理论基础以支撑其系列动作和决策。

一、学习理论

高校体育教学设计过程中，学习理论占据着十分重要的地位，是理论基础，下面进行简要分析：

（一）学习理论流派

1. 刺激—反应学习理论

刺激—反应学习理论，顾名思义，就是给人一个刺激，然后根据这个刺激，人就会做出一定的反应，它的生理学基础是神经生理条件反射学说。在教学过程中，它将外在的环境看作刺激，将伴随着产生的有机体行为看作反应。

2. 认知学习理论

认知学习理论就是通过研究人们的认知过程来探索人们的学习规律的理论。这种理论尊重人的主体性，认为环境只是提供潜在刺激，最重要的还是要看学生的内部心理结构，学生才是学习的主体。所谓心理结构就是指学生知觉、概括自然现象和社会现象的方式。经过不断的成长，学生内心已经开始有了一种特定的心理结构。学习的基础就是学生内部心理结构的形成和改组，在学习的过程中，新的经验会对个人内心的心理结构产生影响，使其心理结构发生改变，这就是学习。

3. 认知—行为主义学习理论

这种理论认为刺激与反应之间不存在直接的、机械的联结，而是存在一个“有机体内部状态”的中间环节，主张既要揭示外部条件的作用和外显的行为表现反应，又要揭示内部条件的作用和内隐的心理结构变化。它对认知、思维、情感等进行了探索，同时认同行为主义的基本假设。因此，认知—行为主义学习理论是一种折中的学习理论，它将行为主义和认知学派结合到了一起。

4. 人本主义学习理论

人本主义学习理论不认可那种将人的认知、行为等多个维度分割出来进行分析的行为，它主张分析研究人的全貌，探讨完整的人。人本主义学习理论主张站在第一人称的角度来考查一个人，而非旁观者，也就是说，要自己对自己进行考查，描述自己的认知、行为等。

（二）学习理论与教学设计

教学设计是一种以开发学习经验和学习环境为目的的技术。这说明学习理论与高校体育教学设计两者之间有重要联系。

首先，体育教学设计吸收各派学习理论的精髓作为自己的科学依据。心理科学的整体发展使人们对认识规律的研究逐渐增多，从而为体育教学设计提供了更多的学习理论基础。

其次，体育教学设计的知识体系将随学习理论的发展而更趋完善。

二、体育教学理论

（一）教学理论与教学设计的相关研究

20 世纪 80 年代末，我国教学设计理论的研究才刚刚开始，直到 20 世纪 90 年代初，体育课堂教学设计的研究才正式开展。这一阶段，我国的学者们开始尝试将体育教学与教学设计理论结合起来进行研究，最早的关于体育教学设计的研究文献是石淑贤发表的，论述了体育电化教育的问题，在 1994 年发表。

随着时间的推移，体育教学理论与教学设计的相关研究也逐步增多，学者的研究也开始逐步深入和系统化。比如，陈德俊的《谈体育教学中的课堂设计》、杨元清的《体育教学过程的优化设计》，分别对体育课堂教学的指导思想、场地器材设计以及其各元素的相互配合关系、体育教学课程的优化等方面进行了阐述、分析，这些文献都对体育教学理论的发展起到了重要作用。

（二）教学理论的研究范畴与作用

1. 教学理论的研究范畴

第一，对教学内容进行研究，研究如何正确选择课程和教材，如何对其进行合理编排，对教学内容与学生、教师和社会的制约关系进行探讨，对教学内容的制定、变化和更新机制进行揭示。

第二，对教学的本质进行研究，对教学过程的结构、因素和固有的客观规律进行揭示。

第三，研究教学的总体目的和价值，研究教学活动的具体目标。

第四，在教学实践活动中建立规范和要求，研究教学方法、手段、原则、模式、组织形式等。

第五，对教学评价的要求、标准、手段进行探讨，为教学提供一个准确的反馈系统。

第六，对教学自身的建设和发展进行研究，拓宽其研究领域，并对其体系不断更新、完善。

第七，对其他先进国家的优秀教学思想、理论成果、实践等进行研究，并不断吸收借鉴。

2. 教学理论的作用

教学理论在体育教学设计中发挥着重要的作用，教学理论的研究与发展对体育教学设计来说具有如下作用：

第一，体育教学设计始于教学理论的发展需要。

第二，教学理论的研究成果有助于实际的体育教学设计工作。

第三，教学理论与体育教学设计互相作用、互相促进。

三、传播学理论

传播，简单来说就是将信息从一个地方传到另一个地方。传播学的研究内容包括信息的效能、结构和形式及其传播的过程。体育教学同其他学科教学一样，实质上就是一个信息传播的过程，因此，在体育教学设计中传播理论起到了重要作用。传播理论解释了体育教学系统中信息传播的过程，描述了各要素之间的关系以及动态联系，为体育教学设计提供了坚实的理论基础。

（一）传播理论对体育教学设计的支持

20 世纪 40 年代，“5W”公式被提出，提出者是美国政治家哈罗德·拉斯韦尔。它主要阐述的是传播相关理论内容，对于体育教学传播也有着一定的借鉴作用。

1958 年，基于哈罗德·拉斯韦尔的“5W”公式，布雷多克补充性地提出了“7W”模型。这一模型的主要解释是，教师在体育教学中运用动作示范、语言描述及其他信号，利用运动项目、器材设备和多媒体，在教室、户外向学生传递体育相关领域的学习内容，并使其充分理解和掌握有关锻炼方法和运动技能，培养学生的体育运动习惯，促进学生身心全面、健康发展。

体育教学设计也就是基于这一论点将体育教学传播过程视为一个整体来研究的，为了进一步优化教学效果，在关注每部分与其复杂制约因素的同时，要关注各要素之间的本质联系。注意采用系统的方法，在各要素的复杂动态关系之间深入探求影响体育教学传播效果的真正原因，最后确定科学有效的体育教学设计方案。

（二）传播理论对体育教学设计的启发

传播是一个双向的过程，信息的传播者和接收者都是信息传播的主体，在这个过程中，根据反馈信息，双方也会积极做出反应，也就是说，传播是一个伴随着反馈机制运作的循环过程。在体育教学设计过程中，运用这个传播理论，将教师的“教”与学生的“学”分别看作信息传播过程中的两个主体，可以充分利用反馈信息来调节信息传递，以实现最优教学效果。

总的来说，传播理论对体育教学设计的理论与实践主要有以下四个方面的启发：

第一，传播过程的模型说明了体育教学传播过程中涉及的要素。哈罗德·拉斯韦尔提出的“5W”公式中所阐述的要素成了研究体育教学过程、解决体育教学问题的教学设计所关注的重要因素。

第二，传播理论解释了体育教学中各要素间的动态关系，并阐明了体育教学是一个复杂动态的传播过程。1960 年，基于哈罗德·拉斯韦尔的理论基础，贝尔克提出“SMCR”理论模型，这一模型进一步说明了传播的最终效果并不是取决于其中的某一部分，而是取决于信息员、信息、通道、信息接收者等四部分的共同作用，并且各部分还会受到自身因素的影响和制约。

第三，传播理论解释了体育教学的双向性。“SMCR”模型中引入了“反馈”这一内容，奥斯古德与施拉姆在各自的理论研究中也强调了信息的传播者和接收者都是积极的传播主体。因此，体育教学也应当是一种双向的互动过程。目前，关于体育教学传播信息流的三项性也是基于双向传播理论而发展起来的。

第四，传播过程要素构成体育教学设计过程。其相应领域如受众分析、效果分析、传播内容分析等研究在体育教学设计中得到不同程度的运用和吸收。目前，传播学的研究仍在不断发展，研究成果也将会为体育教学设计提供新的支持，促进体育教学设计更好地发展。

四、行为理论

行为理论，顾名思义，是研究人的行为的一种理论，它是一种交叉学科理论。人类的行为是一种双向交互过程，这是行为理论的基本思想，即人与社会、物理环境造就的事物以及人与形成社会、物理环境造就的事物之间的双向交互。人的行为受一定的心理因素支配，心理能够影响人的行为表现，意思是说，人的心理发展与外部行为存在着辩证统一的关系，即人的行为和意识之间是辩证统一的。行为理论在体育教学设计中不是一个小兵或一个小将，而是全新的理论框架，处于骨干的地位。把行为理论作为体育教学设计的基础，有助于实现各种教学任务。

第三章　高校体育多元教学设计

高校体育教学设计涉及多个方面，本章为高校体育多元教学设计，分别介绍了三个方面的内容，依次是高校体育教学方法设计、高校体育微课教学设计、高校体育教学评价设计。

第一节　高校体育教学方法设计

教学方法是每一名体育教师开展体育教学活动都必须注意的问题，其方法的选择以及运用的好坏都会直接影响体育教育教学效果。如何选择最优教学方式，制定最佳教学策略，提高课堂教学效率，是高校体育教学设计的重点问题。

一、教学方法选择的依据

教学方法是教师教学活动中所采取的行为方式的总称，主要涵盖教师的教授方法和学生的学习方法两方面内容。教师的教授方法应紧紧围绕学生的学习方法展开，这样才能保证教学的针对性和可行性。“教无定法，贵在得法”，教学方法的选择与应用应根据学生认知水平的现状以及发展空间和能力具体制定，求真务实、追求有效。

教师应当在现代教学理论的指导下，综合考虑教育环境内各项影响因素，把握各教学方法的特性，科学合理地选择和组合教学方法。

（一）依据教学目标选择教学方法

教学目标是教师展开一切教学活动所设立的一个理想点，是敦促教师展开科学教学活动的一个激励因子。课程教学目标可以分为学期目标、单元目标和课时目标这三类。不同层级教学目标的达成都需要仰赖不同的教学方法。因而，教学方法要依据具体的教学目标内容来确定。

（二）根据学生实际特点选择教学方法

学生是教学活动的主体，其本身特点直接影响一切教学活动的展开，学生的实际特点也会直接影响教学方法的选择与运用。教师应当全面、科学地分析学生的实际特点，制定有针对性的教学方法，以切实提高教学的有效性。一般来说，学生的实际特点主要包括心理特征、知识基础特征以及动作技能水平三个方面。

（三）依据教师的自身素质选择教学方法

教学方法就像是教师的一把武器，打赢一场仗首先应拥有一把“称手”的武器。在教学活动中，教师的教学方法同样也应适用于教师本身，要能够适应教师的学科素养条件并能为教师本身理解和把握，只有这样，才可能使教学方法发挥有效作用。对此，教师应当根据自己的实际优势和教学特点，选择与自己最适应的教学方法。

（四）依据教学环境条件选择教学方法

教学环境是教师开展教学活动的重要因素，适宜的教学环境影响教学效果，也影响教学方法的选择与运用。教师在教学方法的选择上，应运用各方面条件和优势，最大限度地发挥教学环境的影响和作用。

二、教学方法选择应注意的问题

（一）强调教学的适应性

学生的个体差异明显，知识水平基础与认知发展能力也各不相同。教学不应要求统一性和一致性，应能因材施教，尊重学生的个体差异。对此，教师应根据学生个体的水平和能力选择和运用教学方法，以突显教学的适应性，促进学生对知识的吸收。

（二）强调教学的整体性

教学方法不是孤立存在的，它与教学的各项要素紧密相连而又彼此作用。其中应注意把教学方法与教学组织形式结合在一起，以此才能从整体上提高教学的科学性和整体性，使教学方法更加科学有效。

（三）强调教学的发展性

体育教学始终围绕体育二字，也就是说，一切的体育教学活动都应遵循体育的基本宗旨，即促进人体健康。因此，体育教学必须以促进学生身体健康为基本目标。教师应在体育教学方法的选择上考虑其对学生发展的影响，强调体育教学在学生健康发展方面的促进功能。

（四）强调教学的情意性

体育教学在促进学生健康的同时，应当注重培养学生的非智力因素。在教学方法的选择和运用上，应力求能够激发学生的学习积极性和学习自信心，使学生逐步养成健康的生活方式，促进学生发展。

（五）强调教学的双边性

教学方法的选择与运用无疑会受到教师与学生两大主体的影响，它要求在能够满足教师教学引导需要的同时，满足学生知识获取的需求。这不仅对教师教学有要求，也对学生学习有要求。因此，教学方法首先要能够满足两大主体的需要，力求两者结合，使教师在教学上游刃有余的同时，学生能够有效掌握运动技巧并发展自身素质。

三、教学方法的选择与确定

（一）以语言教授为主的方法

这种教学方法主要包括讲授法、谈话法。

1. 讲授法

讲授法，即教师通过简练、生动的口头语言在课堂上向学生传授知识的一种常见教学方法。这种教学方法直接有效且具有普遍性，适用于大多数教学课堂，在体育教学课堂上同样起到较大的作用。在实际教学中，讲授法又可以分为讲述法、讲演法和讲读法等几种。通常情况下，讲授法的运用应注意以下几点：

第一，组织好授课内容，不仅要讲解书本知识，同时要注意知识的发散性，传授一些书本上没有的知识。

第二，讲授时语言简练生动，具有节奏感。

第三，强调学生的参与性，讲授时注意通过设问、答疑、模拟等方式调动学生参与。讲授完后留给学生一定的交流时间，以进行自我分析、总结。

第四，应尽可能精讲多练，提高练习的密度。

2. 谈话法

谈话法在教学活动中采取得也较多，是指教师与学生之间以口头语言问答的形式展开的一种教学方法。这种教学方法强调师生之间的互动性、对话性，有助于启发学生思考，培养学生动手动脑能力。通常情况下，谈话法应注意以下几点：

第一，教师应当设计好谈话的过程，确保问题明确、难易适中且具有启发性。

第二，注意临场技巧的运用。

第三，教师应耐心倾听学生的回答，并注意对其进行疏导和点拨。

第四，要注意培养学生回答问题的勇气，要求声音洪亮。

（二）以直接感知为主的方法

以直接感知为主的方法，具体是指动作示范法，这是一种在体育教学课堂上常用的教学方法，具有直观性特征。教师通过动作示范向学生直观地展示技术动作，以使学生对知识技术建立最直观的印象，并帮助学生理解。动作示范法无疑是经济、实用的，是体育教师授课常用的一种教学方法。通过动作示范，教师可以向学生传授完整的技术动作，同样也可以展示技术细节，如动作顺序、用力位置等。这有助于帮助学生在心中形成相对完整的技术动作系统。通常情况下，体育教学动作示范应注意以下几点：

第一，注意示范动作的准确性和规范性。教师自身应充分理解各项技术动作，力求在示范时动作的准确和规范，以引导学生对动作形成正确的印象。

第二，注意示范要能够使全体学生看清楚，应选择适宜的位置和方向向学生展示动作。

第三，示范时应强调讲解的重要性，使示范与讲解结合。示范某一动作时，如有需要可进行专门讲解，以便学生更好地理解和吸收。

“教无定法”，教师应当认识到教学方法在运用和选择上的具体性、差别性和多变性。应根据教师自身、学生情况、教学内容本身等因素和特点具体制定和选择教学方法。

四、体育教学方法选用的原则

（一）教学、学习、研究协调原则

师生的教与学应协调同步，在教学活动中共同参与知识发现和技能形成。对此，教师应吃透教材内容，掌握本学科各项知识内容之间的联系，精心设问，鼓励学生参与，启发学生思维，培养学生的思考能力。此外，应注重信息反馈的重要性，对教学方式进行科学调整。在教学过程中，教师应当注意观察学生的各个状况，如学生的技术动作、学习情绪以及面部表情等，及时得到反馈信息，并调整教学内容、速度等，以进一步加强教学效果。

教师应对书本教材内容十分了解并有自己的心得和见解，能够将自己的所学、所知、所悟传授给学生，为教学提供更丰富生动的素材。

在教学中，应当鼓励学生自主探究和探索，不断培养和增强学生的参与意识和能力，启发学生思维，提高学生的学习自信心，使其成为一名主动的学习者、求知者。

（二）辩证运用通俗化原则

通俗，即讲课时语言应浅显易懂，学生容易理解、接受和记忆，力求深入浅出、精练准确。讲授的方式是直接影响学生知识吸收和内化的关键因素，因此，教师的讲授应通俗易懂。此外，在通俗的基础上还要注重准确性，应能体现一定的学术性、知识性和理论性，不能为了追求通俗而使传授的知识内容变得枯燥、普通。在科学语言与口头语言的使用上应该准确把握。

（三）巧妙运用趣味性原则

当代青年大学生个性独立，有较强的好奇心和探索欲，枯燥无味的事物往往难以引起他们的关注。因此，体育教学方法的采用还应当具有趣味性，能够紧密联系教学内容，融入一些逸闻趣事和趣味性问题，并且加上生动形象的动作进行演练示范，以激发学生的兴趣和主动性，自觉动手、动口、动脑，主动参与学习活动中。

（四）共同投入理性情感原则

共同投入理性情感，即师生在共同运用科学方法的同时，还应投入感情去完善人格，使教学课堂更加具有生机和活力。

1. *在课堂中要有力地激发情感*

通过提问、答问等环节，使学生获得自我表现、自我发挥的机会，从而得到满足与成就感，有力地激发学习情感，形成一种高昂、愉悦的学习情绪。教师应通过有趣的游戏、问题以及规范优美的动作去激发学生情感并带领学生参与学习，善于挖掘教育素材，用美的思想去启迪学生。

2. 在课堂中要细心地培养情感

在满足学生个别心理需求后，应刺激学生产生新的需要，以循环提高学生的学习积极性，保持高昂的学习情绪。例如，可以在教学中巧设悬念，留给学生思考和想象的空间，为学生思考、尝试和探索提供机会。在教学中，教师应做到自己的教学讲授能够对学生情感起到良好的调节作用，做到张弛有度，以维持学生良好的心理状态。

以上四项原则都是教学方法采用时必须强调的关键和重点，教师应在这些原则的指导下实施教学活动，并根据自己的专业素质、教学条件以及教学特长来审慎选择教学方法，为学生学习创造一个有感情、有活力的学习环境，使体育教学课堂真正实现教书育人的目的。

五、体育教学常见方法

为了实现有效教学，传授给学生更多、更有价值的知识信息，教师必须科学、合理选择和采用有效的教学方法。在体育教学设计中，教师通常会采用以下几种教学方法：

（一）横向探究学习

横向探究学习，即在同一平面上学习的广度和思维的宽度。教师传授知识往往是一个知识点或一个技能点，学生接受这些知识点和技能点并在这些“点”的基础上铺开、伸展。每一个知识点和技能点都是学生思维的出发点，思维的活跃在于在“点”的基础上的指向，根据思维的指向，横向探究学习可以分为顺向探究和逆向探究两种。

顺向探究，即学生的思维活动围绕教师提供的“点”展开，对接受的知识点和技能点进行比较性研究。例如，体育活动中有多种运动项目，这些项目含义、功能、作用和风格各不相同，但对人体健康发展都有一定的作用和影响，那么我们会思考这样一系列的问题，“是选择学习篮球，还是有氧健身操”“如何选择学习内容”“怎样快速掌握和学习”等。这样的探究是由点到面的探究，它拓展了学生的思维，使学生逐渐走向对事物本质的探讨，以此逐渐对某一事物的认识和理解加深。

逆向探究，即将自己的思维活动转向，从与知识点相反的方向来探究问题的本质。例如，篮球项目能够促进人体的心肺功能发展，一般学习到此为止，而探究学习策略的运用，将学生的思维引向深入。如果我们变换思维角度，展开逆向思考，问题的解决将使学生对运动项目的理解进入一个更深的层次。学生会思考这样一系列的问题，如“只有篮球能够提高心肺功能吗”“其他项目具备这种功能吗”等。通过这样的探究，学生的学习会指向更深层次的健康体适能范畴。

下面是高校体育横向探究教学案例展示——以篮球和跳远项目为例：

1. 课程背景与目标

随着教育改革的深入，高校体育课程日益重视培养学生的综合素质和运动技能。横向探究教学方法作为一种新型的教学模式，旨在通过跨学科、跨领域的探究，提高学生的自主学习能力和综合素质。本次以高校体育课程中的篮球和跳远项目为例，探讨横向探究教学在提升学生运动技能和综合素质方面的作用。

2. 教学内容与关键点分析

篮球项目：涉及篮球基础知识、技术、战术以及篮球文化等方面的内容。关键点包括运球、传球、投篮等基本技能，以及团队配合、比赛规则等要素。

跳远项目：包括助跑、起跳、腾空和落地四个技术环节。关键点在于助跑与起跳的衔接，以及腾空阶段的身体姿态和动作技巧。

通过篮球和跳远项目的横向探究，旨在培养学生的身体素质、运动技能、团队协作能力和比赛意识，同时增强学生的自信心和竞争意识。

3. 教学方法与策略选择

示范法：教师现场演示篮球和跳远项目的正确动作，帮助学生建立正确的动作概念。

讨论法：组织学生进行小组讨论，探讨篮球和跳远项目的技术要点和战术运用，培养学生的思辨能力和合作精神。

案例分析：通过分析经典比赛案例，让学生了解篮球和跳远项目的比赛策略和团队协作，提高学生的实战能力。

自主学习：鼓励学生利用课余时间自主学习篮球和跳远项目的相关知识，拓宽学生的知识面和视野。

4. 教学资源与材料准备

器材设备：篮球、篮球架、跳远沙坑、助跑器等。

场地条件：篮球场地、跳远沙坑及相关安全设施。

教学材料：篮球和跳远项目的教材、教学视频、比赛录像等。

5. 课堂活动设计及时间安排

热身活动（5 分钟）：进行全身热身运动，预防运动损伤。

示范与讲解（10 分钟）：教师现场演示篮球和跳远项目的正确动作，并进行详细讲解。

分组练习（20 分钟）：学生分组进行篮球和跳远项目的练习，教师巡回指导。

小组讨论（10 分钟）：学生分组讨论篮球和跳远项目的技术要点和战术运用。

案例分析（10 分钟）：教师引导学生分析经典比赛案例，提高实战能力。

课堂小结（5 分钟）：教师总结课堂内容，布置课后作业。

6. 学生评估与反馈机制设置

课堂表现评估：通过观察学生在课堂上的表现，评估其学习态度和技能掌握情况。

技能测试：组织学生进行篮球和跳远项目的技能测试，评估其运动技能水平。

反馈机制：鼓励学生提出对教学活动的意见和建议，通过问卷调查、小组讨论等方式收集反馈信息，优化后续教学活动。

7. 作业布置与项目实践安排

作业布置：布置与篮球和跳远项目相关的阅读、观看视频等作业任务，加深对项目知识和技能的理解。

项目实践：组织学生参与校内外篮球和跳远项目的比赛和训练活动，提高学生的实战能力和比赛经验。

8. 案例总结与经验分享

通过本次高校体育横向探究教学案例的实施，我们取得了以下成果：

学生对篮球和跳远项目的兴趣明显提高，学习积极性增强。学生的身体素质和运动技能得到有效提升，团队协作能力和比赛意识增强。学生通过自主学习和小组讨论等方式，拓宽了知识面和视野，提高了思辨能力和合作精神。

同时，我们遇到了一些问题和挑战，如教学资源不足、学生水平差异大等问题。在今后的教学中，我们将继续探索和创新教学方法和手段，提高教学效果和质量。我们希望与同行分享本案例的成功经验和问题教训，共同推动高校体育课程的改革和发展。

（二）纵向探究学习

在体育教学中，引入纵向探究学习模式，有助于激发学生的主动性，培养他们的创新思维和解决问题的能力。探讨纵向探究学习在体育教学中的应用，可以为体育教学改革提供参考。

1. 纵向探究学习概述

纵向探究学习，即将知识的学习放在历史的大背景下进行，学生的地位沿着知识点进行历史关系上的探讨，以考查所涉及的知识在不同背景下的表现形式，从而对知识点形成正确的理解。例如，我们会由某些知识点和技能点思考这样一系列的问题，如“为什么历史上的体育运动项目多是体能类项目，而现代体育运动的运动项目却形式丰富、繁多？”等。这样的探究就是学生思维活跃的表现，也正是这样的探究，才使体育学习变得有趣而富有生机，学生对学习的接受和理解能力才会提高。这样的学习与历史、文化等多领域挂钩，在满足本学科学习要求和任务的同时，大大扩展了学生的知识面，显著提高了学生的思维能力。

纵向探究学习是一种以项目为基础、以探究为核心的学习模式，它强调学生在教师引导下，通过自主、合作、探究的方式，深入学习和掌握某一领域的知识和技能。纵向探究学习的特点在于其深入性、连续性和综合性，能够使学生系统地构建知识体系，提升解决问题的能力。

2. 纵向探究学习在体育教学中的应用策略

课程设计：在体育课程设计中，可以围绕某一运动项目或主题，设计一系列具有连续性和挑战性的探究任务。这些任务应该具有层次性，使学生能够逐步深入学习和掌握相关知识和技能。

实施过程：在教学过程中，教师应该注重引导学生重视发现问题、提出假设、制定方案、实施探究、总结反思等环节。同时，鼓励学生之间进行合作与交流，培养他们的团队协作能力。

评价方式：对于学生在纵向探究学习过程中的表现，应该采用多样化的评价方式。除了传统的技能测试，还可以在学生的参与度、创新思维、问题解决能力等方面进行评价。

3. 纵向探究学习与多元化评价方式结合

在纵向探究学习中，学生需要在不同阶段完成不同的任务和挑战。因此，将纵向探究型任务与多样化评价方法相结合，能够更全面地反映学生在不同阶段和方面所取得的成绩。例如，在评价学生的篮球技术时，除了测试他们的投篮命中率，还可以结合他们在小组合作中的表现、技术改进情况等方面进行评价。此外，教师还可以引导学生进行自我反思和互评，帮助他们了解自己的优点和不足，进行自我改进。

4. 影响因素及挑战

尽管纵向探究学习在体育教学中具有广泛的应用前景和积极意义，但在推广应用过程中也可能面临一些困难和挑战。例如，一些教师可能缺乏相关的经验和技能来设计和实施纵向探究型任务；一些学生可能对于新的学习方式感到不适应或缺乏自信；同时，教学资源的有限性可能限制纵向探究学习的开展。针对这些问题，可以采取一些措施来加以解决。例如，加强教师培训，提高教师的专业素养和创新能力；加强学生的引导和支持，帮助他们适应新的学习方式；积极争取教学资源，提高教学条件。

综上所述，纵向探究学习在体育教学中具有广泛的应用前景和积极意义。通过引入纵向探究学习模式，可以激发学生的学习兴趣和主动性，提高他们的运动技能水平和多方面素质。同时，将纵向探究型任务与多样化评价方式相结合，可以更全面地反映学生在不同阶段和方面所取得的成绩并指导他们进行自我改进。因此，我们应该积极推广和应用纵向探究学习模式来推动体育教学改革和发展。

（三）纵横交错探究学习

在全球化背景下，高校体育教学不仅要关注学生体质的增强，更要培养其综合能力和终身运动的观念。当前，高校体育教学在形式和内容上呈现出多元化和复杂化的特点，纵横交错的学习方式成为促进学生全面发展的新途径。纵横交错探究学习，即横向探究学习与纵向探究学习的综合运用。纵横交错探究学习有利于学生连接各个知识点以形成一个结构完整、稳定的知识网络，在脑海中形成良好的认知结构，拓展思维广度。具体来说，应用这种学习方法主要把握以下几点问题：

1. 传授方法，让学生于平淡处生疑

在教学时应传授学生一些有效的学习和思维方法，激发学生的学习兴趣和探索欲。常用方法有如下几种：

（1）类比生疑法

善于在同类知识之间进行比较研究，探究细微差别，溯其原因，得出结论。

（2）联想生疑法

围绕某一知识点或内容展开多方联想，发现原因，得出结论。

（3）异同对比生疑法

在几类不同的知识、现象和情况之间进行对比研究，发现问题，找出事物本质区别和联系。

（4）借果推因生疑法

事物有果必有因，引导学生针对某一知识、现象或事物询问教师“为什么”或自己探索解答，以加深对知识的理解和内化。

2. 案例分析，让学生举一反三

教师更多的只是传授方法、提供工具，不能也不被允许完全辅佐学生的实际操作。因此，教师应引导学生将传授的知识和技能有效地运用到实际操作中去。例如，教师解释一个动作技术问题，学生提出一系列问题，如“我们为什么要学习这个动作”“我们怎样避免常见的技术错误”“这个动作与其他动作组合会产生怎样的效果”等。这样的案例分析有助于启发学生思考，培养学生的知识迁移能力。

以某高校篮球课程改革为例，该校通过引入美国职业篮球联赛（NBA）的教学理念和训练方法，重新设计了篮球课程。在课程设置上，注重培养学生的篮球技能和战术意识；在教学方法上，采用小组合作、比赛模拟等多样化手段；在评价机制上，引入了多维度的评价体系。经过改革，该校篮球课程取得了显著成效，学生的篮球技能和比赛能力得到了大幅提升。

另外，该校采取了一系列改进措施，如加强教师培训、优化资源配置等。这些措施的实施不仅提高了教学质量，也为学生提供了更好的学习体验。

3. 温故知新，让学生巩固掌握

在教师课堂教学中，教师要有重点地针对某一知识点复习强化，使某一学习策略成为学生学习过程中自动化的思维行为。学习策略有很多，在学生了解了一些学习策略后，教师还可以让学生综合运用所学习的策略知识，多角度、多侧面地对体育知识点或难点、疑点进行深层探究，从而达到温故知新，通过逐步训练掌握各种学习策略的目的。

4. 跨专业交流与互动，让体育深度发展

体育教学与其他专业领域如社会学、心理学、生理学等存在广泛的交叉融合空间。通过跨专业交流与互动，可以拓宽体育教学的视野和领域，丰富教学内容和方法。例如，社会学视角可以揭示体育活动中的社会关系和互动模式；心理学研究可以帮助学生更好地理解运动中的心理变化和应对策略；生理学知识则可以指导学生在运动中科学地进行身体锻炼和恢复。通过引入这些跨学科的知识和方法，可以使学生更全面地了解体育运动的本质和价值，激发其参与体育活动的热情和动力。

第二节　高校体育微课教学设计

一、微课概述

（一）微课的概念

所谓微课，主要是指以视频的方式把教师在课堂内外教学活动开展过程中传授的教学环节或者强调的主要知识难点与重点进行展示的一种新型的教学模式。微课作为一种全新的教学模式，能够使学生的碎片化学习活动随时随地地展开。

（二）微课的组成

对于微课而言，组成内容的核心就是示例片段，也就是课堂教学视频，不仅如此，也有同某个教学主题相对应的辅助性教学资源，如素材课件、教学设计、练习测试、教师点评、教学反思和学生反馈等。在一定的呈现方式和组织关系下，它们共同营造了资源单元应用的“小环境”。而这里所说的资源单元具有的显著特征是主题式的半结构化单元资源，与传统单一资源类型的教学资源之间是有一定的差异的，主要表现在教学设计、教学课例、教学课件与教学反思等方面。同时，微课与上述的这些教学资源之间也存在一定的联系，即微课作为一种新型的教学资源，其发展基础仍是上述的这些教学资源。

（三）微课的特点

1. 碎片化

微课视频一般只有 10 分钟左右时长，在这 10 分钟内，教师将课程教学过程通过清晰的视频录制的方式进行呈现。一节传统课堂的教学时间是 45 分钟，而原有的段状课程在微课的形式下，逐渐向点状课程转变，课程内容变得更加精练和细致。学生除了课堂的教学时间，还可以利用课外其他零散时间，如在排队等待就餐的时候进行学习，微课的显著特点之一就是碎片化。

2. 重点突出

微课碎片化的特点，对教师的教学能力提出了更高的要求。因为在微课视频 10 分钟的展示时间内，教师的授课不仅要体现出严谨的逻辑性，还要将课程内容的重点与亮点凸显出来，真正抓住学习重点所在，才能使学生的学习兴趣得到更好的激发。

3. 较强的师生交互性

微课作为一种新颖的教学形式，它的出现在满足学生知识渴求与猎奇心理的同时，还能有效改变教学内容单方面输出的情况。在微课教学过程中，教师与学生之间的互动得到加强，教师不仅能及时收集学生课程学习的兴趣点，同时，对于学生存在的疑问也能够及时进行回答。这无疑会为教师后期课程的设计提供便利条件，使其能够同学生的学习与反馈实现同步，进一步提升课程的教学效果。

二、高校体育微课教学设计原则与目标

（一）高校体育微课教学设计原则

高校体育微课教学设计应当遵循适时分解原则、聚焦性原则和简洁原则以及突出特色原则。微课主要的特点就是“微”，为了保证学生可以充分利用自己的闲余时间来观看微课教学视频，教育工作者在设计微课教学视频的过程应考虑教学视频的内容不宜过多，同时要考虑微课的完整性。因此，教育工作者应当从微课教学的整体性出发，对教学内容进行分解，使学生能够直观地感受到微课教学内容的重点和难点。

1. 适时分解原则

微课之所以受到大多数人的喜爱，其中一个很重要的原因就是人们可以在不受时间、地点约束的情况下进行碎片化学习。因此，教师应当保证微课教学内容的精练而不是简单地舍弃教学内容，要让人们在较短的时间学到丰富的内容。在具体制作过程中，教师应当充分考虑体育课程的知识、教学方法、微课的表现方法等因素，有意识地对高校体育微课的一些内容进行拆分。

2. 聚集性原则

通常情况下，人们在较短的时间内难以掌握大量的知识，但是我们可以通过集中注意力来提高时间的使用效率，掌握重点知识。因此，在微课教学内容的设计过程中，教师应当对课程的重点、难点和其他部分进行分析与研究，从而使人们在较短的时间内集中学习重点和难点知识。在制作高校体育微课时，教师应加大对运动动作与技巧方面的拆分、详细地对难点动作进行讲解、对特殊的动作和技巧进行分析等，使学生能够有针对性地进行练习，提高自身对重要动作技巧和困难动作技巧的熟练程度。

3. 简洁性原则

一个微课视频的持续时间为 5～10 分钟，这与正常人的注意力集中时间保持一致，人们往往能够在这段时间集中精力进行学习，并利用其他时间对已学内容进行理解与巩固，从而更好地运用于具体的实践活动之中。因此，在设计微课教学内容的过程中，教师应当在较短的时间向人们展现微课的重点内容，并保证微课的质量。对于当代大学生而言，他们对新生事物的接受能力较强，并且已经具

备了一定的体育运动技能，能够在较短的时间内适应微课内容。另外，他们还可以根据自身的需求来寻找最适合自身学习的微课，从而有针对性地提高自己对某个动作的熟练程度。

随着互联网的普及程度越来越高，人们对微课的重视程度也越来越高，吸引了大量的教师加入微课的设计队伍之中，各种高质量、高水准的微课层出不穷。在这种情况下，如何设计出富有个性且高质量的微课是每个微课设计教师都要考虑的问题。因此，在微课的设计过程中，教师应当充分发挥自身的优势和本校课程的特色，并相应地结合学生的实际需求，从而设计出最符合本校学生需求的高质量微课。

（二）高校体育微课教学的设计目标

高校体育微课教学的设计与其他课程微课教学的设计相比，相同之处具体表现为，高校体育微课教学和其他课程微课教学的教学过程基本保持一致，即先确定教学纲领，再制定教学规划并实施，最后进行教学反思；不同之处具体表现为，高校体育微课教学重在具体动作的指导，而其他课程微课教学重在理论知识的讲解。当学生在观看高校体育微课教学视频时，他们可以通过回看和循环的方式来不断重复动作教学，从而满足自身的学习需求。

在设计高校体育微课教学内容的过程中，教师应按照以下目标来进行教学设计：

其一，在微课教学中表现传统体育课程的常规内容。大多数情况下，微课教学的内容都是传统课程教学过程中的难点内容和重点内容，但高校体育课程较为特殊，每一个基础动作都关系到下一个动作的开展。

其二，教师应充分考虑自身实际情况来设计教学内容。通常其他学科教师在设计微课教学内容时会参考其他教师的教学内容，体育教学则不同，教师的教学能力、学生的身体素质水平、学校的教学环境等因素都会影响教学活动的开展。因此，体育教师必须充分考虑自身情况来设计教学内容。

其三，教师应以学生需求为主来设计教学内容。学生对体育运动的兴趣会直接影响体育教学活动的开展，体育教师必须重视学生的需求，从而通过微课教学调动学生的学习积极性，提高体育教学的效率。

在高校体育微课设计之前，教师应先明确高校体育学科的科目定位，然后调查和研究学校的体育设施情况和体育课程设计要求。如果高校体育微课的内容与学校的实际情况不匹配，微课将无法运用于具体的教学实践过程之中，那么微课的教学设计也就毫无意义。除此之外，教师还要重视培养学生对体育运动的兴趣，让学生能够通过观看高质量的高校体育微课视频意识到体育运动的重要性，从而加强自身的体育运动锻炼，进一步形成终身体育的观念。

在制作高校体育微课视频的过程中，教师要选择最符合时代要求和学生需求的内容。一方面，教师要深入学生内部，了解当代大学生对体育运动的重视程度和他们对高校体育课程的需求，从而保证高校体育微课的内容能够最大限度地吸引学生的注意力；另一方面，教师要保证高校体育微课的质量，不能盲目迎合学生的需求，要建立系统的高校体育微课教学体系，使学生能够循序渐进地进行高校体育微课的学习。另外，高校体育教师应当实时地更新微课视频的内容，使高校体育微课视频能够与时俱进，与学生的身心发展变化保持同步，从而更好地作用于体育教学活动。

三、高校体育微课教学设计体系构建

（一）高校体育微课教学设计框架

1. 高校体育微课教学设计目标的制定

在高校体育微课的教学设计中要对高校体育微课的教学大纲、教学计划等方面的内容进行深入分析，进一步明确高校体育微课的主要内容。在此过程中，还要对高校体育微课的教学目标和教学内容不断进行论证，以保证高校体育微课教学活动的顺利进行。

对于教育工作者而言，应该先明确学生的学习习惯，然后有针对性地设计教学内容，调动学生的学习积极性，从而使其积极主动地投入高校体育微课教学活动之中。与此同时，教育工作者还要培养学生独立思考的能力，通过对所学知识进行思考，将知识运用到具体实践活动之中，将高校体育微课的教学内容运用于高校体育教学活动之中。另外，教育工作者在选择教学内容的过程中，应严格遵循由易到难的原则，使学生能够明确高校体育微课教学过程中的重点和难点，并将其中的难点进行拆分，加快学生对高校体育微课教学内容的理解。

在高校体育微课教学的设计过程中，教育工作者应注意以下四点：

第一，坚持以学生为本的教学设计原则。学生是高校体育微课教学活动的主体，因此，教育工作者应明确学生的实际需求，并据此设计微课教学的内容。

第二，教育工作者应为学生提供一些书本上没有的知识，使学生能够通过高校体育微课教学活动掌握更多的知识，从而更好地完善自身的体育知识体系。

第三，教育工作者应通过高校体育微课教学来提高学生的学习兴趣。对于大多数学生而言，兴趣才是激发他们学习积极性的重要动力。教育工作者应当充分调动学生对体育运动的兴趣，使他们能够积极主动地参与到体育课程之中，这样才能更好地帮助学生形成终身体育的观念。

第四，教育工作者应充分尊重学生的建议，并将其融入高校体育微课教学设计之中，提高学生在体育课程教学中的参与度。在设计高校体育微课教学内容时，教育工作者应当为学生提供一个表达观点的平台，使学生能够充分发挥自身的主观能动性，自主地选择学习内容和学习方法，从而培养自身的创新创造能力和提高学习效率。

2. 微课教学设计中学生的配备

受家庭、社会等环境的影响，每个学生的学习能力和接受能力都存在一定的差异，这就要求教育工作者在微课教学的设计过程中充分考虑到不同学生的接受能力。另外，为了保证微课教学视频的质量，教育工作者应当加大对高难度技术动作的讲解，使学生能够针对性地选择重难点进行学习。这也意味着在制作微课教学视频的过程中，教师应当选择具有一定专业基础的学生作为教学对象，营造较好的教学氛围，从而为以后的学习者提供更好的学习体验。

3. 微课教学设计中教学方法的运用

与传统课程教学相比，微课教学具有时间短和教学内容精练等特点，因此教育工作者应选择更适合微课教学的教学方法，重点突出微课教学过程中的重点和难点内容。例如，在高校篮球的教学过程中投篮、传球、挡拆等动作具有一定复杂性，教师应对这些动作进行相应的课程设计，以保证微课教学内容能够满足学生的个性化需求。

从目前来看，高校体育微课教学视频的形式主要包括三种：分别是以现场录制为主的实拍式微课形式，以屏幕录制为主的录播式微课形式，以 Flash、PPT 为主的微课形式。其中，以现场录制为主的实拍式微课形式指的是摄影师分别对教师、学生以及教学现场进行拍摄，然后对拍摄视频进行后期处理的微课视频形式。实拍式微课一般分为有现场互动的实拍微课视频和没有现场互动的实拍微课视频。对于学生而言，有现场互动的实拍微课视频更能够吸引他们的注意力，从而提高他们的学习效率；而没有现场互动的实拍微课视频的重点在于教师的个人讲解，视频内容较为单调。以屏幕录制为主的录播式微课形式指的是教师通过视频向学生讲解教学内容，然后用屏幕录制软件将这段教学视频录制下来，这种视频的制作方式较为简单。对于大多数教育工作者而言，他们可以通过屏幕录制软件将自身的教学过程录制下来，上传到微课比赛网站上，与来自各个地方的教师同台竞争。以 Flash、PPT 为主的微课形式指的是教师将幻灯片和 Flash 动画转化为媒体影像，以微课视频的形式展现在人们面前。这种视频形式对教师的幻灯片制作水平和动画制作的技术要求较高。

（二）高校体育微课教学设计环节

在高校体育微课教学的设计过程中，教育工作者应明确微课教学设计的内容和自身的技术水平，做好高校体育微课教学的设计工作。首先，在选取知识的过程中，教师应当明确知识的难易程度，先从简单的知识出发，再逐步向复杂的知识过渡，以便于学生能够逐步地接受知识、掌握知识。其次，教育工作者要以学生作为微课设计的中心，教师所选的教学内容应满足学生的学习需求，从而通过微课来调动学生的学习积极性。再次，教师应当充分了解学生的兴趣，通过培养兴趣的方式来引导学生主动地学习，对于大多数学生而言，兴趣是推动自身学习的重要动力，它能够充分发挥学生的主观能动性，进一步让学生将体育运动作为学习生活的一部分。最后，教育工作者在微课的设计过程中应当以增强学生的自主学习能力作为主要目的，不仅要提高学生的学习能力，还要鼓励学生去主动思考。

（三）微课设计评价预计效果及反思

1. 学习评价效果的预计

在完成高校体育微课的分析工作和设计工作之后，高校体育微课大致内容已经形成，但这并不意味它能够直接运用于具体的教学实践活动之中，教师还要做好微课教学策划的实行规划。对于教师而言，他们要进一步明确学生的学情、教学行动的实施情况、教学方式的可操作性、教学媒介的选择以及如何面对学生的评价和处理学生评价。因此，在高校体育微课正式运用于教学实践活动之前，教师还必须进行教学策划的评判工作。

从目前来看，教师主要是通过形成性评价来进行教学策划的评判工作，即教师在正式实施之前先对其可行性进行检测，然后观察最终实施结果。如果达到了预设的理想目标，那么教师在设计微课过程中所投入的时间和精力都是值得的；如果没有达到预设的理想目标，那么教师可以对微课教学内容进行调整，直至达到理想目标。

2. 微课策划形式评判

（1）教学微课评判

现阶段高校微课教学的评判规范主要包括三个部分的内容：其一，基本目标准则，即是否达到“提高学生的体育方面知识和专门的技巧能力的学习效率，完善体育教师教学水平”的基本目标；其二，学生的评价，一般情况下，优秀的微课广受学生好评；其三，微课的传播量，微课的传播量越大，受到微课影响的学生就越多。

（2）高校体育微课评判的实施

高校体育微课的评判主要包括三个方面，分别是教授和学习流程的评判、教学资源的评判、成效的评判。与此同时，我们还要将定量和定性的要求融入于评判过程之中。

四、影响高校体育微课教学设计的因素

从目前来看，大多数教师对微课教学的了解程度并不高，此处从多个角度出发来帮助教师了解高校体育微课教学及其制作方式。

（一）设备条件的影响

有些人认为，教师的教学能力和学生的配合程度是影响微课教学视频质量的主要因素，但他们忽视了一点，即拍摄设备的条件对微课教学视频质量的影响也十分明显。对于高校体育微课教学视频而言，一台或两台摄像机拍摄出来的效果远不如三台摄像机拍摄出来的效果。三台摄像机不仅能捕捉教师教学动作的细节，捕捉学生学习过程中的细节，还能对教学活动的全景进行记录，确保观看视频的人能够明确课程的重点，有利于学生感受课程教学的整体氛围。而一台或两台摄像机所拍摄出来的画面过于简单，不利于学生进一步了解教学内容，从而影响学生的学习积极性。除了对视频拍摄设备的要求较高，对录制教师和学生声音的设备也要求较高，如果通过摄像机的声音录制功能来录制声音，那么将无法保证教师和学生原声的清晰度，甚至会出现原声被杂音所覆盖的情况，导致视频的整体效果较差；如果是通过外置声卡和吊杆麦克风来录制声音，那么能够有效地减少周边的杂音对教师和学生原声的影响，从而保证教师和学生的原声清晰度。

在高校体育微课教学设备的录制过程中，教育工作者应当根据实际教学情况来选择录像设备和录音设备，并在后期处理过程中有针对性地进行调整，以保障微课教学视频的质量。虽然优秀的录像设备和录音设备对微课视频的录制较为重要，但不能对录像设备和录音设备提出过高的要求，教育工作者应当将主要精力集中于提高自身教学能力之中，充分利用现有的录像设备和录音设备，做出最优秀的高校体育微课教学视频。

（二）设计方案的影响

除了专业的录像设备和录音设备，教学设计方案也对高校体育微课教学视频具有重要的影响。在拍摄高校体育微课教学视频之前，教育工作者首先要制订完整的教学计划，不仅要保证教学计划涵盖的大量知识点能够通过教学活动充分地展现出来，还要保证学生能够理解教学计划中的重点和难点，从而顺利地开展教学活动。

微课具有容量小、内容精练等特点，因此在制订高校体育微课的教学计划时必须考虑多方面因素，其中包括该学科的教学内容、教学目标、教师的教学内容以及学生的接受能力。综合国内众多知名教育工作者的微课作品来看，他们的微课作品中大多都采用了多种教学方法和教学技巧，使学生在观看微课教学视频的过程中能够主动地参与到课堂教学之中，而不是被动地接受知识灌输。例如，教师先在微课视频的开头抛出一个问题，通过设置问题的方式来引发学生的思考，使学生能够尽快地进入微课教学之中，然后通过知识的串讲逐渐解答视频开头的问题。在高校体育微课教学过程中，教育工作者要根据学生的接受能力和自身的教学能力来进行教学设计，合理地安排教学内容，通过独特的处理方式来调动学生的学习积极性，最终促进教学活动的顺利开展。

（三）学生的影响

随着互联网对各行各业的影响不断加深，微课教学的作用也越来越明显，同时得到了越来越多教师和家长的认可。微课教学作为辅助类的教学手段，它不能强制学生参与微课教学活动，只能通过自身的特点来吸引学生参与微课教学。因此，大多数学生选择高校体育微课教学的原因主要是他们热爱体育运动，想要通过高校体育微课教学学习到更好的体育运动技能和动作技巧，从而提高自身的运动水平。

（四）制作人自身的影响

在制作微课教学视频的过程中，通常会考虑主观因素和客观因素两个方面，其中主观因素指的是微课制作人本身，而客观因素主要包括录像设备、录音设备和设计方案等。从目前来看，微课的影响力并不仅仅表现在学校层面，还表现在社会层面，其对于人才培养的作用是显著的。因此，微课制作人必须具备较强的社会责任感，以自身的最佳状态为社会民众服务。大多数微课制作人所从事的职业都与教育密切相关，但是由于学历不同、擅长领域不同、新媒体素养不同等因素的存在，每个微课制作人的微课设计都不同。对于一名微课设计者而言，引入专业的录像设备、录音设备固然重要，但更重要的是提高自身的知识素养和新媒体素养，在微课设计过程中要以满足学习者的需求为主，使学习者能够更好地发展。

五、提高高校体育微课教学设计的措施

（一）教学行政部门的重视

与传统高校体育课程教学不同，高校体育微课教学对时间、地点没有特定的要求，不仅可以用于课堂教学，也可以用于学生的自我教育，因此，高校体育微课教学在管理方面较为自由。针对高校体育微课的管理情况，应当制定明确的标准来对微课进行管理，对不符合学生需求的微课进行调整或删减，对于符合学生需求的微课进行整合归类，从而形成科学的、完整的微课教学体系。随着网络平台的不断拓展，高校体育微课教学的内容也逐渐丰富，优势也越来越明显，不仅有助于学生自主学习，还有助于补充传统高校体育课程以外的知识。各地的教育部门应当加强彼此之间的联系，集合力量构建系统化、科学化的网络微课管理平台。与此同时，各地高校应当将高校的微课资源上传到指定的网络平台中，并向各地高校学生开放，使各地高校学生都能够享受高校体育微课教学资源。另外，为了进一步保障微课教学视频的质量，高校应严格按照要求对微课教学视频进行审核，要求上传者完善个人真实信息，以便及时联系上传者，从而为上传者提供一定的服务。

学校是教育和管理学生的重要场所，对微课教学的具体实施具有重要的影响作用。为了更好地发挥微课教学的作用，学校应当为微课教学设立专门的管理部门，通过制定科学、合理的管理规定来加强高校微课教学工作。各地的教育部门应当加强彼此之间的联系，加强各个高校之间的联系，尤其是在高校体育微课教学方面的交流。与此同时，各地教学部门应当组建专门管理高校微课教学视频的网络平台，使各高校能够共享微课教学资源，教师能够通过研究与分析其他高校优秀教师的教学视频来提高自身的教学水平，进一步提高微课教学的质量。对于学生普遍存在的问题和难点，各高校的教师应当加强讨论与分析，得出一个能够满足大多数学生需求的解决方案。这样做不仅有利于提高教师自身的教学水平，还有利于提高高校微课教学视频的质量。对于那些质量较高、口碑较好的微课视频，各高校教师应当积极学习其中的优秀教学经验，并将其运用于微课教学视频设计过程之中。

（二）激励教师参与微课教学

微课对学生学习的积极影响是显而易见的。在互联网时代，微课的使用频率越来越高，微课与人们之间的联系也越来越密切，而如何吸引学习者的注意力和提高学生的学习能力，是目前高校微课教学视频制作者必须重视的问题。对于大多数高校教师而言，他们不仅要进行传统的课程教学，还要花费一定的时间和精力来设计高校体育微课教学的内容，难免分身乏术，再加上学生对微课教学视频的需求越来越高，教师要不断搜寻很多的资料来设计微课教学内容，因此，高校教师在制作微课教学视频过程中面临着巨大的压力。这就要求学校和政府应当给予一定的支持与帮助，不仅要适当地减轻教师的教学负担，还要为教师提供一定的教学资源，使教师能够积极主动地参与到高校微课教学过程之中。对于学生而言，他们通常会选择具有吸引力的微课教学视频，有针对性地进行自我教育，这就要求高校教育工作者在微课教学视频中投入更多的时间与精力。

（三）提高教师对微课的认识

随着互联网的普及，大多数学生已经能够适应微课教学，但是一些习惯于传统课程教学的教师仍对微课的形式存在误解，他们一般认为微课就是将传统课程教学的过程记录下来并上传到网络平台，然而实际上并不是如此，微课并不是简单的录制课程，微课是将我们在教学中的重点、难点、疑点、考点等通过视频的方式进行教学，视频内容短小精悍，能够快速让学生掌握知识点的要领。另外，教师要收集不同学生、学者、教师对高校体育微课教学的建议，尤其是学习者的建议，并根据这些建议对微课教学内容进行调整，从而更好地满足学习者的需求。

（四）体育微课教学案例应用

1. 案例名称

立定跳远——弘扬不畏困难、团结协作和公平竞争的精神。

2. 案例教学目标

首先，通过线上学习“准备活动、放松活动、体育锻炼与营养”等体育理论，线下参与课内实践练习，使学生了解并掌握体育健康知识，为日常开展体育锻炼奠定理论基础。其次，通过对立定跳远技术的实践学习，腿部爆发力、核心力量练习的观摩学习以及参加课内团队教学比赛，提高学生立定跳远技术水平，普及立定跳远规则，培养学生“不畏困难、团结协作和公平竞争”的优秀中华体育精神。最后，结合学生日常参与“创高”长跑的体验，开展课外体育锻炼指导，引导学生在日常体育锻炼中“发扬顽强拼搏、力争上游”的中华体育精神，积极主动地参与体育锻炼，逐渐形成良好的锻炼习惯和生活习惯，科学、合理地提升学生体质健康水平，为成为新时代社会主义建设者和接班人做好准备。

3. 案例教学设计

“立定跳远”案例教学设计如表 3-2-1 所示。

表 3-2-1 案例教学设计表

学科	体育
教学课例名称	立定跳远
教材分析	重点：摆臂与蹬地的配合，双脚起跳双脚同时落地 难点：上肢的摆动抬腿收腹配合空中展体。动作的连贯性、协调性和对维持身体平衡的能力
教学目标	（1）运动能力：初步学会立定跳远合理的技术动作，使 95% 学生能独立完成动作，发展学生自身协调性、灵活性，增强下肢力量，提高跳跃能力 （2）健康行为：通过对运动项目的选择学习和健康教育学习，培养运动爱好和专长，掌握科学锻炼身体的方法，形成健康的生活方式。课程学习的结果主要体现在学生体能、专项技能、情意态度和健康行为的改变方面 （3）体育品德：学生学习体育与健康知识和技能的同时，充分发挥课程的教育功能，高度重视提高学牛的俥康水平，促进学生的身心协调发展，引导学生学习、传承优秀体育精神
学生学习能力分析	初步学会立定跳远合理的技术动作，使 95% 学生能独立完成动作，发展学生自身协调性、灵活性，增强下肢力量，提高跳跃能力 通过教学，培养学生在集体环境中互帮互助、团结协作精神，培养学生仔细观察、积极思维、自我评价能力
教学策略选择与设计	根据《体育与健康课程标准》对大学生跳跃项目的要求，立定跳远是《体育与健康》的主要教学内容。本节课主要是在双脚跳跃的基础上学习的，又为学生体质健康测试基础。另外，学习立定跳远，还能有效发展速度、协调、力量等身体素质，改善神经系统、心血管系统的功能，培养学生不畏困难、勇敢直前的精神，并具有健身性、竞争性、娱乐性的锻炼价值

续表

学科	体育
教学过程	一、课堂常规 二、准备部分 三、基本部分 学习立定跳远的技术动作 （1）教师完整示范 动作要领：双脚原地左右开立，两臂快速前摆，同时双脚蹬地、展体、收腹，小腿前伸落地缓冲 （2）立定跳远辅助练习（原地纵跳 10 组） 练习方法：教师口令指挥，“1”两臂向前上方摆动，“2”两臂向下摆至后举，两腿弯曲，“3”两臂用力向下摆，同时双脚蹬地向上跳、展体，落地缓冲 （3）完整技术动作练习（3 组） 练习方法： 预摆：两脚左右开立，与肩同宽，两臂前后摆动，前摆时两腿伸直，后摆时屈膝，降低重心，上体前倾，手尽量向后摆 起跳腾空：两脚快速用力蹬地，同时两臂自后往前上方摆动，向前上方跳起腾空，并充分展体 落地缓冲：收腹举腿，小腿前伸，同时，两臂用力后摆并屈膝，落地缓冲 口诀： 一提二蹲三跳起，快速蹬地展身体 收腹举腿向前伸，屈膝缓冲轻巧落
课例研究综述	这节课的教学重点是发展学生的想象创新能力，培养学生对跳的兴趣，以及单、双脚起跳和落地的动作要领。执教后我心中深有感触，反思如下： 本节课充分体现新课标的教学理念，在教学中培养学生对体育活动的兴趣、提高学生参与体育活动的积极性是大学阶段体育课的目标之一。为达到这个目标，本课采用了将视频教学融于一定的教学内容之中，以视频教学形式贯穿教学全过程，通过视频教学活动让学生在乐中练、趣中练、玩中练。既充分调动了学生的学习兴趣，教学环节的衔接紧凑自然，又打破了传统的体育课教学中过于简单和模式化的开课形式

4. 教学效果及反思

立定跳远课程线上教学模块不仅弥补了线下授课中，理论知识传授仅靠口头讲解的单一性，还拓宽了体育理论知识的传授渠道，优化了线下授课中知识传授与技能练习的占时比例。学生可以在学习前观看正确动作视频及相关理论解析，在练习中，依照老师讲解并示范的技能（动作）进行模仿练习，观摩身边同学中完成优秀者，利用智能手机录制练习短视频，反馈班级微信群，课后反复观看、模仿，从而提高学习技术、技能的效率。充分发挥体育的“教育”功能，将“健体育人”作为课程重要目标。教学中选择个人技术掌握较好的学生展示技术，辅助教师示范讲解，既能丰富教学方法，又能提高不同技术水平学生在学习中的体验感，可谓“事半功倍”。此案例适用于学期中间阶段（第6～12教学周）持续开展。从学生个人反馈和教师观察中发现，学生普遍对立定跳远课程相关教学表示认可和赞同，对优秀中华体育精神的认同感增强，通过课内学练、课外锻炼，逐渐形成了良好的锻炼习惯和生活习惯，对促进体质健康发挥了积极作用。

第三节　高校体育教学评价设计

高校体育教学评价设计是高校体育教学设计的重要组成部分，它是评价高校体育教学目标是否达成、高校体育教学内容是否合理、高校体育教学实施是否有效的重要依据。高校体育教学评价设计涵盖面广，包括课程教学评价设计、学段教学评价设计、水平教学评价设计、模块教学评价设计、单元教学评价设计和课时教学评价设计，贯穿整个教学过程的始终。本节主要围绕单元教学评价设计和课时教学评价设计，对高校体育教学评价设计概念、原则、要素和方法进行阐述。

一、体育教学评价设计的概念

体育教学评价设计是体育教师依据体育与健康学科核心素养，设置适宜的评价维度，确定合理的评价内容和观测点，选择科学的评价主体、方式与工具，对课堂教学进行评价的一种设计活动。主要是对“为什么评”“评什么”“谁来评”“怎么评”“用什么评”等问题进行考虑并做出回答的过程。

二、体育教学评价设计的原则

（一）整体性原则

整体性原则是指课堂教学评价要依据学科核心素养目标维度，从运动能力、健康行为和体育品德的整体性入手，并明确教学目标结构，从多维目标进行针对性评价，呈现出指向学科核心素养的整体观。另外，体育教学评价要体现结构化，不能为了评价而评价，要通过评价激发学生思维，引导学生实现学科内、知识间的相互贯通与渗透。

（二）客观性原则

客观性原则是指整个评价方案的制定需要有明确、具体、一致的评价标准，需要有严密、合理、有针对性的评价方法和评价步骤，要围绕学科核心素养导向的教学目标而展开，减少评价者的主观性判断，避免出现评价中的类群现象；而且评价者也应树立公正公平的态度，平等对待每一位评价对象，不能掺入个人主观感情，特别是学生之间的评价，教师一定要讲清楚具体的评价内容和要求。

（三）发展性原则

发展性原则是指在进行教学评价设计时要明确评价的作用，要将教学评价作为反馈—矫正系统，判断每个学习活动是否有效。当出现无效活动时，要及时调整教学计划，保证课堂教学的有效性与发展性，而且要注重评价对学生的鼓励作用。教学评价是手段而不是目的，教学评价应关注学生的长期发展，评价后要思考学生学到什么、学到什么程度、如何学习等问题。另外，应该关注每个学生的全面发展，标准的制定要充分考虑学生的差异性，清楚地了解每个学生的体育基础、课堂表现、进步幅度等情况。

（四）多样性原则

多样性原则是指教学评价的内容、评价的主体与评价的手段都要体现多样化。教学评价的内容要多样，不能只关注某个容易评价的点，如单元教学评价的评价内容应包括运动能力、健康行为和体育品德三个方面；教学评价的主体要多样，不能完全是教师单向的评价，应该发挥学生互评的重要作用；教学评价的手段要多样，定性与定量评价相结合，绝对与相对评价相结合，诊断性、形成性和终结性评价相结合。此外，可以借助信息技术手段帮助开展教学评价。

（五）指导性原则

指导性原则是指教学评价需要以充实的评价资料作基础，要明确每项评价内容的构成、适用的评价方式和评价主体，这样评价才具有可信度和有效性，而且要充分发挥教学评价对教学的导向作用，教学评价结果一定要及时反馈给学生。教学指导建议应有启发性，并注重师生的自我反思及师生之间的合作交流。

三、体育教学评价设计的要素

高校体育教学评价设计主要包含评价目标、内容、主体、方式、工具五个基本要素。

评价目标回答“为什么评”的问题，主要是了解学生在学习活动过程中或者经历学习活动后，在体育认知、运动技能、体能、体育情感四个方面的形成情况，并分析、判断存在的困难和不足，促进其体育学科核心素养的形成。

评价内容回答“评什么”的问题，主要是根据教学目标确定评价内容。如，评价学生的体育认知目标，一定要明白体育认知包括运动认知与健康认知，运动认知从运动项目的裁判知识与规则、科学从事体育运动的方法、运动技战术的理解三个方面进行评价；健康认知从认识体育锻炼对于健康的重要性、参与体育学习和课外体育活动等方面进行评价。这样一来，关于学生体育认知的评价就具体、清晰、有针对性了。

评价主体回答“谁来评”的问题，主要包括体育教师、学生和其他人员，其他人员包括同行专家、家长、班主任等。例如，运动认知的评价以教师为主，健康认知的评价是以学生自评为主。

评价方式回答“怎么评”的问题，体育教学评价方式的选择一定要遵循体育学科的特点，围绕具体的评价内容选择操作简便、切实可行的方式。例如，运动认知的评价可采用试卷测验、口头测试等方式，健康认知的评价可采用行为观察、问卷调查等方式。

评价工具回答“用什么评”的问题，体育教师可以借助试卷心理量表、电子产品（智能手表、心率监测仪、计步器、步态分析仪、体感设备）等，也可根据教学内容与学生的实际情况，自行设计可以真实反映学生学习情况的工具。例如，运动认知的评价可采用试卷等工具，健康认知的评价可采用问卷、量表等工具。

四、体育教学评价设计的方法

（一）单元教学评价设计的方法

第一，单元教学评价设计紧紧围绕体育与健康学科核心素养展开，体现体育与健康学科核心素养的关注点，因此，评价维度应包括运动能力、健康行为和体育品德三个方面。第二，评价内容和评价观测点的选择要从本单元的整体教学着手，经过分析本单元的教学指导思想、教学内容、运动项目特点和学生身心特点等，提炼出可以真实、完整地反映学生学习成果的评价观测点。第三，评价方式的选择要依据评价内容和观测点，选择操作简便、切实可行的方式（表3-3-1）。

表 3-3-1　单元教学评价设计表

评价维度	评价内容	评价观测点	评价方式
运动能力	运动认知	（1）运动技战术要领、项目知识与裁判法的掌握情况 （2）健康知识、运动相关的跨学科知识的掌握情况	口头测试、试卷测验
	运动技能	（1）运动技战术的掌握情况 （2）体育展示或比赛的水平	技术观测、口头点评
	体能状况	（1）身体成分、身体形态的评定情况 （2）身体素质的发展水平及测试情况	体能测试成长记录

续表

评价维度	评价内容	评价观测点	评价方式
健康行为	锻炼习惯	（1）参与体育学习和课外锻炼的兴趣与态度 （2）锻炼方法的掌握情况和健康管理水平	行为观察、口头点评、问卷调查、访谈
	情绪调控	（1）学练和比赛过程中的情绪稳定性 （2）体育锻炼过程中的情绪稳定性	
	适应能力	（1）适应自然环境的情况 （2）交流互动、组织协调的水平	
体育品德	体育精神	（1）运动过程中展现的精神风貌 （2）面对问题、困难和挑战时的应对情况	
	体育道德	（1）运动过程中遵守规则、公平参赛的情况 （2）运动过程中诚实守信、自觉自律的情况	
	体育品格	（1）运动过程中对待他人和比赛胜负的态度 （2）运动过程中展现的合作意识和责任意识	

（二）课时教学评价设计的方法

第一，课时教学评价设计是学科核心素养和单元教学评价设计的具体表现，应围绕课时教学目标展开，体育课的教学目标包括体育认知、运动技能、体能和体育情感四个方面，因此，体育课时教学评价的目标也应围绕这四个方面进行。第二，在进行评价内容和评价观测点的选择时一定要落实到本节课，要根据本节课的教学内容和重难点有所侧重，每个评价目标可以选择 1～2 个评价内容，再根据评价内容选择相应的评价观察点。第三，评价主体的选择要最直接、最客观地反映评价观测点，如表 3-3-2 所示选择“评价主体”。第四，评价方式与评价工具的选择应与评价观测点一一对应，要选择具有较高信效度的工具。另外，教师要利用信息技术进行评价，使信息技术真正实现为教学所用。

表 3-3-2　课时教学评价设计表

评价目标	评价内容	评价观测点	评价主体	评价方式	评价工具
体育认知	运动认知	运动项目的裁判知识与规则	学生自己、同伴、教师	试卷测验、口头测试	试卷、测试单
		科学从事体育运动的方法	学生自己、教师		
		运动技战术的理解	学生自己、同伴、教师	口头测试、技术观测、行为观察	测试单、行为观察表
	健康认知	认识体育锻炼对于健康的重要性，参与体育学习和课外体育活动	学生自己、同伴、教师	问卷调查、行为观察、访谈	问卷、电子产品、访谈单
		积极主动参与校内外体育活动	学生自己、同伴、教师		
		自觉坚持有规律的体育锻炼，有效组织同伴和家人进行体育锻炼	学生自己、教师、家长		
运动技能	技战术运用	在练习、活动和比赛中运用技战术	学生自己、同伴、教师	行为观察、技术观测	行为观察表
	体育展示与比赛	敢于展示自己所学的技战术			
		愿意和同伴合作创编和展示比赛成果	学生自己、同伴、教师	访谈、行为观察、问卷调查	访谈单、行为观察表

续表

评价目标	评价内容	评价观测点	评价主体	评价方式	评价工具
体能	身体素质	心肺耐力、柔韧性、肌肉力量、肌肉耐力	学生自己、教师	成长记录、体能测试	《国家体质健康标准》
		速度、力量、灵敏性、协调性、平衡和反应	学生自己、同伴、教师	技术观测、行为观察	行为观察表
	体能的原理与方法	测量与评价体能水平的方法	学生自己、教师	试卷测验、口头测试	试卷、测试单
		制定体能锻炼计划的程序与方法			
		有效控制与改善体型的方法			
体育情感	德育情感	在体育运动中能够面对困难、克服困难	学生自己、同伴、教师	行为观察、问卷调查、访谈	行为观察表、心理量表、问卷、访谈单
		具有抗挫折能力，表现出勇敢顽强的拼搏精神			
		正确对待比赛胜负，具有正确的胜负观			
		胜任不同的运动角色，表现出团队合作与负责任的行为			
		在体育运动中遵守规则、尊重同伴、尊重裁判			
		理解与运用所学运动项目的比赛规则，具有公平竞争的意识和行为			

续表

评价目标	评价内容	评价观测点	评价主体	评价方式	评价工具
体育情感	价值情感	掌握提高心理健康水平的方法	学生自己、同伴、教师	行为观察、问卷调查、访谈	行为观察表、心理量表、问卷、访谈单
		知晓调控情绪的方法			
		在运动、学习、生活中保持一定的情绪稳定性			
		对于自然环境具备很强的适应能力			
		在运动、学习、生活中主动积极地与同伴合作交流			

（三）全过程综合评价体系方法

教学评价及考核涵盖身体素质的提高、健康知识和运动习惯的养成、职业素养和课程思政的培育，制定可量化评价指标，合理设计过程性评价与终结性评价比例，课前、课中、课后分阶段、递进式实施考核评价。通过学习通平台的学习轨迹、理论测试成绩生成线上系统数据，结合学生课上表现，训练任务完成情况、比赛测试结果的线下评分，实现线上评价和线下评价相结合，强化过程性评价的全过程综合教学评价，促进学生的学习目标达成，形成综合实力（图 3-3-1）。

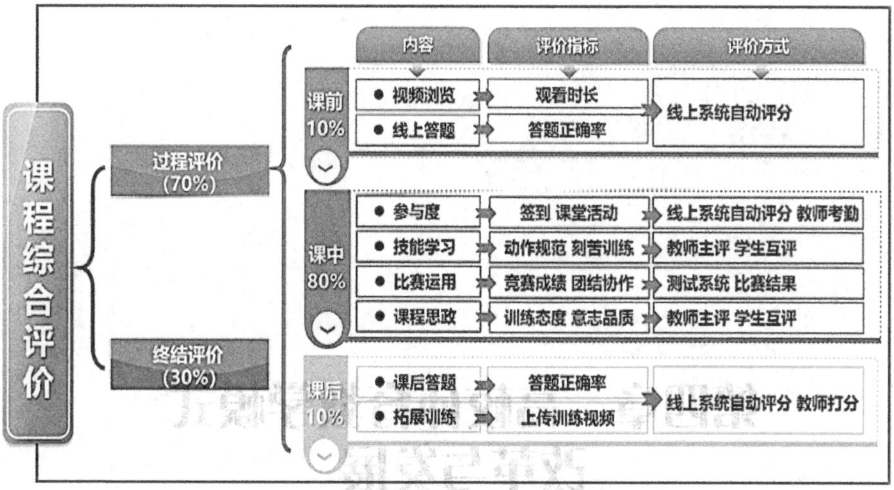

图 3-3-1　综合教学评价设计表

第四章　高校体育教学模式改革与发展

高校体育教学始终存在这样或那样的问题，对高校体育教学模式的改革刻不容缓。本章为高校体育教学模式改革与发展，依次介绍了高校体育教学模式的现状、高校体育教学模式的改革、高校体育教学模式的发展三个方面的内容。

第一节 高校体育教学模式的现状

一、我国高校体育教学模式现状分析

我国体育教学实践中具有一定代表性的体育教学模式分为以下四类：

（一）运动技能传授模式

运动技能传授模式是一种以运动技能教育观为指导，以运动技能的形成规律和认知规律为主要依据设计教学过程结构的模式。在目标方面，主要是传授体育的基本知识、基本技术和基本技能，通过“三基”的传授来完成体育教学的各项任务。

（二）提高身体素质的教学模式

提高身体素质的教学模式是在教师的指导控制下，学生进行各种身体素质练习，并规定负荷与休息的交替，以发展学生身体素质为中心的一种体育教学活动体系。指导思想以发展学生身体素质为主导，遵循学生生理和心理活动变化规律以及负荷与休息合理交替的规律。目标是提高学生身体素质，增强学生体质。

（三）培养体育能力的教学模式

培养体育能力的教学模式是在教师的引导下，通过学生的自我探索尝试，以培养学生体育能力为主导的一种体育教学活动模式。指导思想是在教师的引导下，通过学生的自我探索、自我练习和发展，培养学生的自学、自练、自评、自控能力和互帮互学等各种体育能力。目标是培养与开发学生的各种体育能力，为学生的终身体育能力奠定基础。

（四）发展学生个性的教学模式

发展学生个性的教学模式是从不同年龄段的学生的兴趣出发，采用多种教学内容、方法、手段和组织形式，以发展学生个性为核心的体育教学活动策略。目标是通过丰富多彩的体育教学活动促进学生个性的发展。

二、国外高校体育教学模式现状分析

国外高校十分重视竞技运动项目的教学，其主要目的不是提高学生的运动技术水平和运动成绩，而是促进学生形成终身体育习惯并学以致用。

（一）美国高校的体育教学模式分析

美国体育教学指导思想的基本格调是使学生成为一个完整的人，以良好的身体素质更好地进行生活和服务于社会。美国体育教学内容扩大了教材选择的余地，加强了体育教学内容与社会和生活的紧密联系，灵活性很强，使学生能够学有所用。美国比较有代表性的四种体育教学模式是竞技体育教学模式、培养学生对个人和社会责任感的教学模式、体育健身教学模式、体育与其他学科相结合的教学模式。在教师的指导下，学生不仅能充分了解体育运动的重要性，还能充分激发自己的参与热情和内在动机，从而树立自信心和获得成就感。

（二）英国高校的体育教学模式分析

英国体育教育改革和其他各国比较而言具有延续性和相对独立性的特点。英国的高校体育课程教学既重视学生的个性发展和能力培养，又重视双方达到共同要求的情况；既重视学生的学习过程和体验，又重视学生在学习过程中的基本技术技能的掌握。长期以来，英国形成了国家和社会相结合的教育体制，这种教育体制与欧美其他各国相比有很大区别，对体育课产生了巨大的影响。英国的学校，特别是高中和大学有一种传统，就是学生可以自己负责自己的活动，自己制订计划参加比赛，按照自己的意愿参加活动，这一切均促进了学校体育活动的开展。

（三）俄罗斯高校的体育教学模式分析

俄罗斯各地的教学条件不同，不过教学目标和方向都大致遵从“培养学生专业技能”的教学理念，也就是通过高校体育教学，将学生培养为具有专业水平的运动员。俄罗斯高校教师所践行的教学模式颇有苏联遗风，将大量教学时间用于严格的动作练习，锻炼学生的专业能力和体育素养。不过，可以想见，该教学模式在学生兴趣的培养方面并不适宜。

第二节 高校体育教学模式的改革

一、我国高校体育教学模式改革要求

通过上文的比较分析可以看出，在不排除技术学习和身体锻炼的前提下，国外尤为重视学习中的主体性和学生通过主动性的体育学习所获得的基本认识和发展。国外体育教学模式具有以学生积极参与为主、以培养能力为中心的特点，注重以学生为本，强调运动体验与感受；均把增进健康、增强体质、发展学生个性及形成良好的社会行为、培养学生体育兴趣和体育能力作为体育教学的指导思想和课程目标；课程内容多样化，注重加强教学内容与社会和生活的联系，培养学生终身体育的能力，而教师所起的主导作用是不断鼓励和帮助学生进行探索，注重学生运动项目与兴趣的全面性。鉴于此，我国高校体育教学模式改革应符合以下要求：

（一）明确教学目标

教学目标的明确性对体育教学的有效性至关重要：明确的教学目标可以为学生提供清晰的学习方向，帮助他们了解需要掌握何种技能和知识，从而在学习过程中更加专注，减少目标上的迷茫感。此外，教学目标还有助于教师和学生清晰地了解学习的成果和进展，便于进行有效的评估，教师可以根据目标来调整教学方法和学生的学习策略，确保学生达到预期的学习效果。

教师可以根据学生的实际水平和需求制订阶梯型的成长计划，为每个学生提供个性化的指导和教学。阶梯型成长计划就是根据学生的实际水平和发展需求，将目标分解为多个阶段或阶梯，并依次制订相应的学习目标和计划。每个阶段的目标都在前一阶段的基础上逐步提高，不断达到更高的水平。成长计划中的阶梯目标应该能够量化和具体化，便于教师和学生进行有效的评估和监控，及时调整教学策略。通过制订阶梯型的成长计划，学生可以清晰地了解自己当前的水平和未来的发展目标，有助于激发学生的学习动力，加强学习效果。

入学体检报告可以帮助教师全面了解学生的身体状况，检查内容包括身高、体重、视力、肺活量等。通过测量数据，教师可以更准确地了解学生的身体素质和健康状况，为制定个性化的体育教学目标提供依据。基于体检报告数据，教师能制订更具针对性的训练计划，对于学生在身体素质上的不足或优势进行有针对性的训练，帮助他们全面提高身体素质。另外，教师可以以体检报告数据为基准，在教学过程中定期对学生进行身体素质的监测和评估，及时调整教学方案，确保学生在体育教学中达到预期的成长和进步。

（二）增加理论教学

理论课程在体育教学中具有重要的作用：它是向学生传授关于运动原理、训练方法、运动生理等方面知识的关键，有助于学生建立对体育运动的系统性认识。理论课程可以为学生提供科学的训练方法和运动技能的理论指导，帮助他们更有效地进行体育锻炼和竞技训练。所以，师生都应该重视理论知识的指导作用。

体育教师可以通过讲解实际的体育运动案例，将理论知识与实际运动情境相结合，引发学生的兴趣，加深他们对理论知识的认识和理解；利用图片、视频、动画等多媒体资源来辅助理论知识的讲解和演示，让抽象的理论知识更加形象和生动，提高学生的学习效果；鼓励学生参与课堂讨论，在讲解理论知识的同时积极引导学生提出问题、分享观点，促进学生之间的互动交流，加深对理论知识的理解。教师可以根据教学内容的难易程度和学生的学习情况，合理地安排理论教学和实践练习的时间比例。一般来说，可以通过将理论知识和实践技能相互贯通、相辅相成，使学生在理论学习中获得指导和启发，然后通过实践练习来巩固和应用所学知识。

（三）突出运动效果

为了提高体育教学的专业性，突出运动效果，高校可以加强对体育教师的培训和专业发展支持，包括：提供最新的教学方法和知识，提高他们的运动训练技能和运动科学知识水平；建立科学合理的体育教学大纲和课程设置，明确教学目标、内容和评价标准，确保教学内容具有系统性和连续性；加强体育实践课程的设置，注重学生的实际运动锻炼和技能培养，同时结合理论知识进行实际运用；

如有条件，还可邀请专业体育运动员为学生讲解或亲身演示技术要领。

（四）加强兴趣培养

在体育教学实践中融入社会体育，对提升学生的兴趣有很大的帮助。“社会体育”是指在社会各个领域中广泛存在的体育锻炼、健康运动、休闲娱乐等活动。它不同于专业竞技体育，更侧重促进全民健身、增强身体素质、提高生活质量等。社会体育涵盖丰富多样的体育活动形式，可以让学生接触更多种类的运动项目，满足不同学生的兴趣和需求；社会体育的融入可以使体育教学更加贴近现实生活，强调运动的实际应用和意义，激发学生参与的积极性；社会体育活动可以促进学生之间的交流和互动，培养团队合作精神和集体荣誉感，增强学生的社会适应能力；通过参与社会体育，学生可以更深刻地认识到体育运动对健康的重要性，从而培养起终身参与体育运动的良好习惯和态度。

二、我国高校体育教学模式改革任务

近年来，体育教学理论实现了突破性进展，如何对在不同教学思想指导下的各种教学方法、教学策略进行比较、剖析，选择适当的教学方法进行教学，从而达到教学效果的最优化是值得思考的问题。针对高校体育教学模式的改革要求，构建一种新型体育教学模式已成为当今体育教学改革的一个重要任务。构建一种新型的教学模式需要一定的规范和基本要求，从它的形成过程看，既包括了理论通往实践的具体化过程，也包括了体验通往观念的概括化过程。它既不同于目标和理念，也不同于一般的工作计划，它相对稳定但又变化多端，形成了模式多元化、多样化的局面。

（一）新型体育教学模式的理论基础

1. 新型体育教学模式的现代课程理论基础

（1）现代体育课程理论基础

①课程目标的多元化

增强学生体质、提高学生健康水平是体育课程的根本目标之一。通过体育活动和锻炼，学生可以提高身体素质、增强体魄、促进身心健康，这是体育课程最基本的要求。但是，除了提高身体素质，体育课程还应该注重培养学生对体育文化的理解和欣赏，包括了解不同体育项目的历史、规则，培养体育精神以及培养对体育运动的兴趣和热爱。体育文化素养的培养也有助于提高学生的综合素质，如团队合作意识、领导能力、自律意识、文明礼仪等，这些素养对学生的全面发展非常重要。

体育课程应该提供多样化的运动选择，鼓励学生表达和探索，提供自主学习和解决问题的机会，从而激发学生的主动性和提高参与度，鼓励他们在体育活动中展示自己的个性和创造力，让学生在实际操作中思考和解决问题，并满足不同学生的需要，培养他们在自己喜欢的领域内发展个性和创造力的能力。

②课程内容注重满足学生的需求

随着生活条件的改善和观念的变迁，学生对体育教学需求的多元化态势越来越显著，很多学生已经不再满足于传统的篮球、足球、排球等项目，更希望接触和学习更多的新型体育项目，如滑板、攀岩、健身操等，或者选择更适合自己兴趣和特长的运动项目学习。此外，学生对体育教学的需求越来越强调个性化和针对性，希望在体育课程中获得更多个性化的指导和训练，满足自己的学习需求。

（2）现代体育课程论与新型体育教学模式

20 世纪 60 年代以来，对课程理论改革影响最为深刻的两种理论分别是学科中心课程论和人本主义课程观。在我国体育课程中，体质、技能和技术教育受到学科中心课程观的影响，这一理论一直影响着体育课程的改革。教学目标受到课程目标的影响，新型体育教学模式的目标不仅包括运动技能，还包括情绪、态度、能力和个性等方面的目标。新型体育教学模式重视学生全面发展和个性培养，通过体育学习促进学生的发展。新型体育教学模式的设计基于问题中心设计模式，关注学生的发展需求和教学内容的需求，让学生参与教学并逐渐掌握学科内容。

2. 新型体育教学模式的现代教学理论基础

按照建构主义教学观，教学应该充分培养学生的主动性、自主性和创新性，培养学生在现实世界中应用知识的能力。简单地说，就是让学生学会学习，并能调控自己的学习。

与以往的教学理论相比，建构主义更加突出地表现出三方面的重心转移：从

关注外部输入到关注内部生成；从“个体户”式学习到“社会化”的学习；从“去情境”学习到“情境化”的学习。

总而言之，现代教学理论流派普遍追求学生的主体性，即自主性和创造性。前者指学生的自我意识和自我能力，后者包括创造意识、创造思维和动手实践能力，能够体现学生的主动性和自主性发展。在体育学科（包括所有学科）的教学中，教师的“教”（外因）只有通过学生的“学”（内因）才能发挥作用，所以应该践行尊重差异的原则，使教育适应每个学生，并发挥学生的主体作用。

（二）新型体育教学模式的性质与设计

1. 体育教学模式的基本属性

根据对各种现行研究的归纳，可以得出体育教学模式的几个基本属性：理论性、稳定性、直观性和可评价性。

理论性指任何一种比较成熟的体育教学模式都必定反映了某种体育教学指导思想，都是一种体现了某个教学过程理论的教学程序。

稳定性是指一种体育教学模式的确立实际上是一个新型的体育教学过程结构的确立，既然是结构，就必然具有相当的稳定性。

直观性也称为可操作性。任何一种新体育教学模式的建立都意味着它和以往的任何体育教学模式是不同的，人们可以根据其特定的教学环节和独特的教程安排来判断其属于哪种教学模式。

可评价性指任何一种相对成熟的教学模式的确定必有与其整个过程相应的评价方法体系。因此，任何一种教学模式都可以对实施这个教学模式的教师给予明确的教学评价，这不仅包括对该教师对教学模式理解程度的评价，还包括对教师参与、认识和学习能力进行系统的评价。

2. 新型体育教学主导模式的设计思想

新型体育教学模式的设计思想包括：整合社会和学生需求，注重学生能力培养；融入运动乐趣，引导学生积极参与学习；采用个性化教学方法，强调学生主体性；以学生的主动学习、个性发展、兴趣培养和主要学习目标的达成为评价基准。

（三）体育教学模式的整体优化

1. 体育教学模式整体优化的原理和原则

系统科学整体优化原理强调事物和过程不是孤立的，而是由各个部分组成的有机整体。整体功能要大于各部分功能之和。

体育教学模式整体优化的原则包括：以整体观点考查体育教学模式，科学地掌握结构和活动环节；以优选体育教学模式为基础，综合考虑体育教学内容的执行和目标的实现。

2. 体育教学模式整体优化的内容

（1）基于不同教学思想

体育教学思想是教学模式的核心和生命力所在。一般来说，教学思想分为精细型和介绍型。不同教学思想指导下的情感体验类、体能训练类教学模式，主要通过训练式和自练式教学模式提高身体素质，通过快乐体育和成功体育教学模式让学生体验运动的乐趣。

（2）基于单元教学的不同阶段

精细教学类内容的大纲对各项目的学时有明确的规定，确保各项教学任务能够按时完成，学生能够掌握教学任务要求的运动技能。在单元练习的最后阶段，学生基本可掌握所学技能。

（3）基于不同外部教学条件

体育教学条件中的固定硬件通常指的是不易改变或需要长期投资的物理设施和设备，如运动场地、体育馆、健身房、器械设备等；不固定的硬软件则指可以根据需要进行调整和改变的教学资源和工具，包括教学材料、教学媒体、软件应用等。

教师应根据教学场地和设备的情况，合理安排教学内容和活动。如果场地条件较好，可以开展多样化的运动项目；如果场地条件有限，可以选择适合的运动项目，并通过创新的教学方法和器材进行教学。根据学生的兴趣、能力和外部环境的要求，灵活选择和调整教学策略；根据外部教学条件的变化，适时进行教学评价和反馈；根据外部教学条件的限制和需求，鼓励教师进行教学创新、开发和应用适合的教学软件和工具。

（4）基于学生不同的基础

在选择教学模式时，应结合学生的基础情况，优化教学方法。如在开始教学前进行学生基础评估；根据学生的基础，采用渐进式的教学方法；针对不同的学生基础，采用不同的教学策略。

第三节　高校体育教学模式的发展

一、体育教学模式的目标趋向情意化

社会的变革、科技的进步对人类的身体产生了很大的影响，如心理素质、身体素质、社会适应能力等方面。在实施素质教育的进程中，高校要以培养学生的创新意识和体育能力为重点，通过改革教师的教育理念、教学方法、教学内容和教学评价等方面来贯彻新的体育教学思想。现代教学理论研究和教学实践活动都已表明，学生的智力因素与非智力因素在他们的学习活动中都起着重要的作用。现代教学模式注重培养学生的自立性、情感性和独创性，使学生在强烈的兴趣和动机驱使下学习体育技能，激发内驱力。

二、体育教学模式的形式趋向综合化

教学模式的形式趋向综合化是指体育教学模式向课内课外一体化发展。学生课内的主要任务是学习一些新的知识点，纠正一些错误动作，因此，学生要充分利用课外的时间，强化练习、过渡练习，复习与巩固已学的知识与技术，经常锻炼。只有这样，才能把运动技能逐步熟练化、自动化。

三、多种教学模式并存发展

20 世纪 80 年代初期以来，“三基型”体育课程教学模式一直是我国各大高校体育课程通用的教学模式。20 世纪 90 年代后期，体育课程内容逐渐多样化发展，高校体育课程教学模式迎来改革，出现了多种体育教学模式并存的局面。教师需要整合各种教学方法和手段，优化组合并综合运用，形成理想、稳定的教学模式。

四、体育教学模式研究趋于精细化

理论研究的目的是指导实践活动，同时起到总结实践的作用。理论研究与实践研究的结合是必然的，一方面，教学模式的研究与任何理论的研究趋势一样，必将从一般教学模式研究走向学科教学模式研究；另一方面，课堂教学模式的研究又趋向精细化，精细化是教学模式研究的必然趋势。

第五章　高校体育教学模式的创新实践

不断创新高校体育教学模式有助于提高教学质量。本章为高校体育教学模式的创新实践，主要介绍了四种教学模式，分别是游戏教学模式、程序教学模式、网络教学模式、俱乐部教学模式。

第一节 游戏教学模式

一、游戏教学模式概述

游戏教学模式是顺应教学目标和课程标准的要求，把作为载体的体育游戏视为教学的方法与手段，同技术教学有机结合，组织学生在游戏的愉悦氛围中学习和拓展知识技能，充分调动学生的自主性和创造性，从而达到预期教学目标的一种教学模式。

（一）游戏及体育游戏的内涵

游戏的起源可以追溯到早期人类社会。一些学者认为，游戏可能起源于人类的本能行为，如捕猎、战斗和社交。在人类进化的过程中，游戏往往有模拟现实情境、培养技能、加强社会联系以及提供娱乐和放松等作用。游戏作为一种娱乐活动，可以带来愉悦和放松，有助于缓解个体的压力；有些游戏还可以作为教育工具，帮助人们学习新知识或者培养特定技能。体育游戏作为众多游戏中的一个分支，是游戏的重要表现形式之一。许多现代社会的流行体育项目在诞生之初都属于“游戏”，如网球、足球、棒球、篮球等，因此“游戏”和“体育项目”“体育游戏”之间其实存在内在关联，它们能“促进学生的体质、心理、健全人格和社会能力等各种素质的多元发展”[①]。

（二）体育游戏的特点

1. 娱乐性

体育游戏是体育娱乐性的集中体现，能够为教学增添活力和生机。通过合理运用体育游戏，教师能够唤起学生的娱乐积极性，使学生在课堂上更加兴奋活跃，积极应对每一部分的教学内容。

2. 普及性

体育游戏对大众的吸引力之一就在于其丰富多样，能够满足健身、娱乐和教

① 杨乃彤，王毅. 高校体育教学创新及运动教育模式应用研究 [M]. 北京：九州出版社，2020.

学等需求。在体育教学中，教师也可以针对不同的学生、学段和教学内容安排合适的体育游戏，促进教学的开展。

3. 规则性

体育游戏具有规则性，可以从原始游戏中传承并不断创新，以满足不同需求。在体育教学中，游戏当然也应该遵循明确的规则，以确保教学有序进行。

4. 竞争性

体育游戏的竞争性能够充分调动参与者的积极性，呈现体育游戏的效果，激发人体潜能。很多体育游戏都有明确的胜负，通过游戏的开展与参与，来体现参与者的体力、智力和合作能力等。体育游戏的这种竞争性可对体育教学产生直接的影响效果，能够帮助学生深刻领会体育精神，并认真对待体育课的教学任务。

5. 目的性

无论是愉悦身心，还是发挥团结协作精神，或完成特定的活动任务，都是体育游戏的特定目的。这些目的都旨在调动人们的兴奋点，并赋予枯燥的技术学习以趣味性。

（三）游戏教学模式与高校体育教学

1. 体育游戏教学模式与体育教学的联系

体育游戏教学模式旨在发挥游戏的娱乐性、竞争性和普及性的价值，实现体育教学目标。体育课提供的竞争内容对追求个性和综合能力培养的大学生来说，是培养社会适应能力、竞争精神的有效途径。

2. 体育游戏在体育教学中的作用

（1）教学辅助

体育游戏教学模式在体育教学中具有辅助作用，能够通过娱乐氛围激发学生参与体育活动的兴趣，帮助他们预热身体、集中注意力并轻松学习技术动作，在课程结束后，缓解身心疲劳并保持对体育课的期待。

（2）强化健身

游戏教学模式的应用能够大大提高学生学习的积极性，让学生在充分学习体育知识和技能的过程中，感受体育的魅力，培养体育运动习惯。此外，多样的体育游戏形式使每位学生都能在体育游戏中得到锻炼的机会，充分发挥体育课的健身功能。

（3）娱乐功能

游戏教学模式能够满足学生对娱乐放松的需求。学生在游戏教学中感受到娱乐氛围，会更加积极活跃，自发参与体育课中知识和技能的学习，从而取得令人满意的体育教学效果。

（4）拓宽教育功能

体育游戏具有规则性，学生在接受游戏性教学时需遵守规则。游戏形式多样，可单人参与或多人分组合作，胜负以完成的数量、质量、速度等标准判定。因此，体育游戏能够培养学生公平竞争、遵守规则的精神，以及团结协作的自觉性。体育游戏还能启发学生思维，开发创新能力，通过将技术、技能融入游戏中，教师可引导学生在无形中掌握基本技能，学生自行组织、创造新的体育游戏，还能提高自主创新能力。

3. 体育游戏在教学中实施的注意事项

（1）把握好游戏的质和量

体育游戏在体育教学中主要发挥辅助作用，因此，游戏的实质应该贴合教学目的，如课前预热、新项目的引导等。游戏的量要适度，活动量过大反而会影响教学效果，体育课的目的在于培养正确的运动技术和技能，为学生打下基础，并结合学生身心发育特点，确保体育教学的效果和质量。

（2）发挥游戏特色

体育游戏集竞争性、娱乐性和教育性于一体，教师在编创游戏时也应该遵循这三项原则。具体来说，竞争性要求规则合理，保证公平性；娱乐性要求简单易行但又能实现胜负；教育性体现在团结协作、公平竞争和创新等细节中。教师要保持游戏特色的发挥，充分挖掘游戏教学模式的效益。

（3）安全第一

体育教学的目标是培养全面发展的人才，游戏教学模式也必须为这一目标服务。体育游戏形式多样、组织灵活，但安全问题至关重要。实施前要进行安全教育，严守规则，确保纪律性；注意检查器材和场地安全性；控制学生活动节奏，防止意外伤害或出现争执以致产生安全隐患。

（四）体育游戏教学模式中游戏的选择

1. 体育游戏的内容应是健康向上的

在游戏教学模式的实践中，教师都会积极选择或者创编最为有效的游戏形式和内容，来辅助教学目标的实现。但这些游戏内容和形式的选择与创编必须是健康向上的，否则，虽然实现了体育课堂活跃气氛和体育教学的课堂要求，但是直接影响了体育教学最终目的的达成。

2. 体育游戏的选择必须具有趣味性

体育游戏的趣味性是体育游戏的生命所在，更是其自身价值的有效体现，一个没有趣味性的游戏就像一个没有生命的个体，在体育教学中不仅不会起到应有的助学作用，反而会引起学生的反感。兴趣是最好的老师，一个富有趣味性的游戏必然会引发学生内心的娱乐冲动，对体育游戏产生浓厚的兴趣。体育游戏是一项较正规的、相对体育比赛又十分轻松的体育活动，对游戏者并没有过于严格的规则要求，所以参加者能够在体育游戏中以轻松愉悦的心态实现自我、表达自我。

3. 体育游戏要富有教育意义

学生通过参加体育游戏能够有效地锻炼身体，提升身体运动技能。但体育教学中对选择体育游戏的要求不仅要体现在身体方面，更要突出其教育功能。选择没有教育意义的游戏对于体育教学来说是不完美的。在体育课中选择体育游戏时要体现出德育、智育、体育的全面教育作用，这也是体育活动自身的魅力所在。通过参加体育游戏活动，使学生学会交往、学会合作，更要学会思维的发散和思路的创新，以适应社会千变万化的竞争环境。这样的体育游戏才是与体育教学相匹配的，才能辅助体育教学功能的全面实现。

4. 体育游戏的选择要简便易行、富有针对性

在体育教学中，实施游戏教学模式的首要目的就是使游戏起到有效的教学辅助作用。这就要求游戏的规则要简便易行、富有针对性，既不失游戏的内涵，又要有效地实现教学目标。如果一个游戏的选择过于繁杂，要花费学生更多精力，这样在体育教学中势必会“喧宾夺主”，浪费大量的课堂教学时间，使教学效果

适得其反。另外，要注意游戏的利用效率，漫无目的的游戏更会对教学计划的实施和教学目标的实现形成障碍。针对性强、利用效率高，才会取得事半功倍的效果。

5. 体育游戏的选择要具备安全性

在当今体育教学实践中，学生安全问题已成为学校体育教学过程中最值得关注的问题之一。在游戏教学模式的实施中，体育游戏的选择自然应把学生的安全放在第一位。游戏的实施出现安全问题，其一切教育意义等于功亏一篑。所以，在实施体育游戏时，教师的注意力必须高度集中，在游戏前期进行有效的安全教育；注意体育器材的合理选用、布置与利用；注意学生的身心发育特点，合理安排活动量；掌握学生的游戏节奏，以免兴奋度过高而发生意外伤害。

二、游戏教学模式实践创新

不少高校引入游戏教学模式，不仅丰富了游戏教学模式在体育教学中的应用实践，而且为其他体育项目提供了参考和借鉴。此处以武术教学为例，来展开游戏教学模式在高校体育教学中应用的实践研究。该模式通过游戏化的手段，激发学生对体育运动的热情，提高学习效率和参与度，对于培养全面发展的人才具有重要意义。这里旨在探讨大学体育游戏教学模式的构建，分析其理论基础、构建原则与策略、实施步骤与方法，并结合案例分析其成效及存在问题，最后提出评价方式及指标，并展望发展趋势与挑战。

（一）体育游戏教学模式的理论基础

体育游戏教学模式的理论基础主要包括体验式学习、认知灵活性等理论。体验式学习强调学生通过亲身参与和实践来获取知识、技能和态度，而游戏教学正是一种有效的体验式学习方式。认知灵活性理论认为，学生应通过不同情境、不同方式的学习来构建和重组知识，游戏教学能够提供多样化的学习情境和方式，有助于提高学生的认知灵活性。

（二）体育游戏教学模式的构建原则与策略

在构建体育游戏教学模式时，应遵循寓教于乐、循序渐进等原则。首先，要确保游戏内容与教学目标紧密相连，使学生在游戏中获得知识和技能；其次，要根据学生的年龄、性别、兴趣等特点，设计符合他们认知特点的游戏；最后，要注重游戏过程的引导和管理，确保学生在游戏中获得积极的体验。

（三）体育游戏教学模式的实施步骤与方法

实施体育游戏教学模式需要从课程设计、平台选择到具体活动开展等方面进行全面考虑。首先，课程设计应紧密结合教学目标和学生特点，确定游戏类型、内容和规则；其次，要选择合适的游戏平台或工具，确保游戏的可行性和有效性；最后，在具体活动开展的过程中，要注重学生的参与度和体验感，及时调整游戏内容和方式，确保学生能够在游戏中获得知识和技能。

（四）案例分析

以某高校篮球课程为例，该课程采用了游戏化设计，通过设定不同难度的游戏任务和挑战，激发学生的学习兴趣和动力。在实际应用中，该模式取得了显著成效，学生的篮球技能和团队协作能力得到了显著提高。然而，也存在一些问题，如部分学生对游戏内容不感兴趣、游戏过程中存在安全隐患等。针对这些问题，可以采取增加游戏多样性、加强安全管理等措施进行改进。

（五）评价方式及指标

针对体育游戏教学模式的评价，可以采用满意度调查、数据分析等方法进行。首先，可以通过满意度调查了解学生对游戏教学模式的接受程度和满意度；其次，可以通过数据分析了解学生在游戏中的表现和学习效果。这些评价方法能够客观反映游戏教学模式的优劣，为改进和完善教学模式提供依据。

（六）发展趋势与挑战

随着技术的不断更新换代和参与者心态的变化，大学体育游戏教学模式面临着诸多发展趋势和挑战。一方面，随着虚拟现实、增强现实等技术的发展，游戏教学将更加丰富多样；另一方面，随着学生需求的不断变化和个性化需求的增加，游戏教学模式需要更加注重学生的主体性和个性化发展。同时，如何确保游戏教学过程中的安全性和有效性也是未来需要面对的挑战之一。

综上所述，大学体育游戏教学模式的构建与探索是一项具有创新意义和实践价值的工作。通过构建有效且实用的体育游戏教学模式，可以激发学生对体育运动的热情，提高学习效率和参与度，对于培养全面发展的人才具有重要意义。在未来的发展中，我们需要不断探索和完善该模式，以更好地适应时代的发展和学生的需求。

三、高校体育游戏教学模式应用——以武术教学为例

（一）武术游戏教学模式引入的意义与作用

1. 有利于提高学生认识水平

在武术体育教学模式下，学生可以更深入地体验和内化所学的知识和技能，进而更好地理解和领悟体育与武术的关系。在各种不同的武术体育游戏中，学生不仅能增强对武术的参与意识，掌握相关知识和技能，还可通过合作产生积极的自我调整和教育体验。这种教学方法会让学生在情感上更深刻地体验武术知识和技能，从而促进体育技巧的提高。

2. 有利于学生智力和非智力因素的发展

武术游戏让学生模仿动作、体验技术和竞争，从而实现教学目标，激活学生的思维活力，同时培养学生的心理品质（知觉、想象力、注意力等）。在持续开展武术游戏教学的过程中，学生能够逐渐认识自身教学中存在的问题，培养积极性，增强竞争态度。选择适合武术教材特点的游戏教学模式，可以确保课堂氛围的和谐与教学的顺利开展。这种教学方式有助于激发学生对武术学习的兴趣和动机，并提高学生的情绪状态，促进智力和非智力因素的共同发展。

3. 有利于顺利完成学校体育教学计划

武术游戏可以在高校体育教学计划的执行中发挥重要作用。比如，学生个体的注意力和兴奋性不同，这种差异会影响体育教学的进行。所以，体育教师可以积极尝试各种武术游戏教学，提高学生中枢神经兴奋性，调整心理状态。例如，通过武术模仿游戏和武术项目报数游戏提高学生的注意力和兴奋性，使其进入学习状态；根据武术教材难度和学生情绪及时调整教学模式，如在武术耐力教学中

采用相互监督和促进的游戏方式。

4. 有利于学生心理健康水平的提高

基于游戏教学模式，结合学生的实际情况，合理选择武术教学的教法，在确保教学科学性的前提下，通过武术教学引导学生，能够更有效地提高学生心理健康水平。武术游戏能在体育课堂中活跃教学气氛、调节学生学习情绪，使学生在自然放松的状态下掌握知识和技能。

5. 有利于学生思想品德的提高

兼具难度和趣味性的武术游戏不仅能锻炼学生的体力和智力，还能发挥思想品德教育的作用，培养学生的竞赛道德、合作意识、责任意识等。此外，武术游戏教学活动能够给予学生成功的情感体验，从而提高学生对武术以及体育教学活动的兴趣，自觉地在今后的学习、工作生活中延续锻炼活动的习惯，为终身体育奠定基础。

（二）游戏教学模式引入高校武术教学的教学设计

1. 高校武术游戏教学模式的教学目标

作为一种创新性质的体育教学模式，游戏教学模式能够发挥体育游戏的趣味性优势，让学生在轻松愉悦的氛围中进行锻炼，乐于接受武术教学。而高校武术的基本教学目标在于在教授武术运动技术的同时传输武术精神理念。引入游戏教学模式可以增强学生的参与意识，在游戏体验中领悟武术的精髓，并培养学生的创新精神。

2. 高校武术游戏教学模式的教学内容

武术教学的内容应当紧随时代，合理调控难易程度，过于陈腐或高难的项目难以提起学生的兴趣，更不用说掌握要领和深层含义了。高校应适当调整教学内容，提高教学模式的接受度。

3. 高校武术游戏教学模式的教学结构

在教学准备阶段，武术游戏教学模式可以在短时间内迅速调节学生心理状态，应结合教学内容，选择提高注意力和兴奋性的游戏，调动学生情绪，使学生快速投入课堂教学中。

在教学初始阶段，为使学生掌握武术基本技术、形成动作定型，教师需要适当安排武术游戏，提高学生学习兴趣，并在轻松的课堂氛围中完成教学任务。教学内容的选择要以教学目标为中心，具有趣味性，以激发学生的学习兴趣。

教学结束阶段，学生进入疲劳期，需要及时恢复身体机能。教师可以组织一些小负荷的武术游戏，内容形式轻松、活泼，使学生的身心得到整理和放松。

（三）武术游戏教学模式在课堂的组织教法

1. 武术课上武术游戏的选择

为满足武术课的具体目的和内容，教师应针对不同的武术教学课选择不同类型的游戏，目的在于让学生得到身体锻炼的同时，服务于武术知识技能教学，顺利地完成武术课的教学任务。

2. 武术游戏的讲解和示范

在进行武术游戏教学之前，教师需要详细讲解游戏的目的、方法和规则，确保每位学生都能理解游戏的开展过程并遵守规则，结合示范以便学生更好地理解和认识游戏，使学生在规则范围内体会到游戏的乐趣。

3. 武术游戏中的合理分组

在武术游戏教学中，有些项目需要采用分组或分队的方法，教师需要根据具体的武术游戏内容、形式、教学条件和学生的情况来合理分组，确保每组实力相当，以维持公平，调动学生的积极性、主动性和创造性。

4. 做好安全组织、裁判工作并及时调整

为避免集体游戏中出现拥挤推搡事故，教师需进行课前预防工作，引导学生有序开展游戏，提醒他们可能出现的事故。在游戏过程中，需要确保公平、合理并明晰判罚，合理控制运动量、强度和调节情绪，对学生多加鼓励和表扬。

5. 做好武术游戏教学的总结

在武术游戏中，除了练习过程，教师还要关注游戏之后的总结和奖惩。教学过程中，如果出现问题要及时停止游戏，并总结存在的缺陷和注意事项，以便有针对性地进行教学，提高教学效率。为了让武术游戏更加精彩，需要多肯定学生在游戏过程中的合理行动，发挥学生的智慧，提高他们的学习兴趣和能力。

6. 武术游戏教学中的注意问题

在武术课的教学中，可能会出现一些教学问题，主要可总结为以下几种：

第一，游戏教学中的各类伤害事故。

第二，在游戏教学中，由于组织不当，加之学生争胜心强，易出现一些过激行为，如学生不团结现象，学生之间的相互责备、埋怨等。

第三，游戏运动负荷不合理。

第四，学生思想涣散、纪律性不强等现象。

为防止出现游戏活动的上述问题，在教学中必须注意以下几点：

第一，游戏的选择要科学，内容要合理。

第二，规则制定要准确，裁判公平、公正。

第三，游戏组织要严谨认真。

第四，加强学生的纪律性和安全教育。

第二节　程序教学模式

随着我国教育事业的改革和素质教育的不断推进，倡导并培养学生心智能力、实践能力和创新能力成为教育改革和发展的方向。为此，广大教育者积极进行教学尝试，把心理学和教育学的教学模式交叉融合，取得了可喜的教学效果，从而加快了素质教育的进程。认知心理学的观点和一些新的教学模式被广泛应用于体育技术教学和训练中。其中，最典型的就是通过对程序教学和时空认知的研究，将二者的结合并应用于某些体育项目上，来为程序教学与时空认知相结合的教学模式在高校体育教学的应用提供理论基础，促进高校体育教学卓有成效地进一步发展。

一、程序教学模式概述

程序教学模式是指依靠教学机器和程序教材，呈现学习程序，包括问题的显示、学生的反应和将反应的正误反馈给学生的过程等，是学习者进行个别学习的方法。

程序教学理论的代表人物美国心理学家伯尔赫斯·弗雷德里克·斯金纳通过实验发现动物的行为可以运用逐步强化的方法，形成操作性条件反射。斯金纳认为:“条件反射有两种，即经典条件反射和操作条件反射。”[①] 人的行为是通过操作条件反射形成的。当一个刺激（条件刺激）与一个特定的行为（条件反射）多次重复出现时，人们会形成一种习惯性的反应模式（显然这个观点受到巴甫洛夫的深刻影响）。在教学中，教师也可以通过逐步引导学生进行练习，帮助他们形成所需的习惯性反应。

程序教学的大致步骤包括制定目标、分析任务、设计教学材料、提供示范、引导练习、提供反馈、调整教学、评估学习成果。

教师要明确学生需要学习的目标，分析学生需要完成的任务，并将其拆分成一系列可操作的小步骤，让学生逐步完成——通常是按知识由浅入深的顺序，把教学内容分解为若干小的问题，再用遵循特定程序的教材或某些教学机器逐步提出问题，待学生思考后回答问题（反应）并立刻告知其正确与否，让学生知道自己的思路是否正确，具体有哪些错误。如果回答完全正确，学生就能进入下一个程序继续学习（这实际上是使学生得到鼓舞）；如果回答不正确，就重复学习同一内容，采取补充程序，直到完全理解教学内容。

这个解释—问题（提问）—解答—确认的重复程序，本质上是一个刺激（提出问题）—反应（学生思考回答）—强化（学生正确回答问题，得到鼓励）的基本图式，即将整体问题分解为分散问题，再采用简单的行为加以联结，逐步积累、步步接近答案，从而化解复杂的行为。

接下来，根据任务分析的结果，教师按照学生逐步掌握知识的顺序，继续设计教学材料，向学生展示完成任务的正确方法。学生需要进行练习来巩固所学的知识和技能；教师需要及时地反馈，告诉学生，他们在练习中的表现如何。反馈应该具体、准确，并且帮助学生改进。

在实施程序教学时，教师需要明确在有限的课堂时间内学生需要达到的学习目标，以确定计划教学的内容。教学目标应该是具体、明确的，并且能够直观观察和测量。在分析学习任务，将其拆分成一系列小步骤时，教师也必须确保每个步骤的可操作性，考虑学生在每个步骤中可能遇到的困难和需要的支持。

---

① 史忠植．认知基础 [M]. 北京：机械工业出版社，2022.

教师需要考虑如何设计刺激—响应的环境，包括使用提示、示范、引导等手段来激发学生做出正确的反应，以引导学生产生特定的学习反应。教师要明确采用何种方法，如口头表扬、奖励或者其他形式的正面反馈，及时给予学生积极的反馈。

课堂模式要求：课前，教师进行导入，明确本节课学习的目标；课中，教师先讲述较难的知识点，然后让学生做相应的 7～10 道题的练习（是学校训练量的 7～12 倍），再让学生进行课堂阶段性测试；最后，进行当堂小结，采取讲、练、测、评一体的形式完成课堂授课。教师给予有解答步骤的例题和足够数量的练习，学生就能根据例题形成适当的假设，并在解决问题的过程中不断地得到反馈，有效地获取知识。在学生练习过程当中，教师的任务就是针对不同学生的不同问题给予个别辅导，发现带有共性的问题，在小结时一并解决。这种课堂模式充分体现了学生的主体作用和教师的主导作用，教师的角色由知识的传授者变为学生学习的引导者、促进者、合作者；同时让学生掌握学习的方法，培养他们终身学习的愿望和能力。

二、程序教学模式的理论基础

（一）操作性条件反射原理

斯金纳从对动物的学习行为实验中总结并提出了“操作性条件反射原理”，也被称为“仪器性条件反射原理”或“仪器条件作用原理”。该原理认为，动物的行为是通过与环境的相互作用而产生的，也是通过对环境的操作来学习和改变的。斯金纳认为，行为是由外部刺激引起的反应，而这种反应的频率和强度受到结果的影响。

按照操作性条件反射原理，学习是通过一系列的“试错”过程实现的。如果一个个体做出某种行为产生了一个积极的结果，那么这个行为就会得到强化，个体倾向于重复这个行为。相反，如果这个行为导致了一个令个体不满意或无效的结果，那么这个行为就会被削弱，个体不再重复这个行为。

斯金纳将行为分为两种类型：应答性行为和操作性行为。前者是指生物固有的、对于特定刺激的自动反应，与生物体的生理和情感状态相关，也被称为经典条件作用；后者是个体根据环境结果而主动产生的行为，也就是通过试错和学习过程形成的。

与这两种行为相对应，条件反射也有应答性反射和操作性反射两种。前者是同时呈现某种中性刺激和条件反应刺激，从而使中性刺激引起与有条件刺激相同的反应，这种条件反射是被动的；后者则是通过将特定的行为与特定的结果相连，从而使个体学会通过进行某种活动来获取或避免某种结果，这种条件反射是主动的，基于个体对环境结果的学习和调节。

在体育教学中，教师也可以设定明确的目标，并使用奖励系统激发学生的动力。可以将学生的技能水平分为不同的阶段或等级，并设定每个阶段的具体目标，当学生达到一个阶段的目标时，可以给予他们相应的认可和奖励。这样，学生会将努力和成就直接关联起来，并努力实现下一个阶段的目标。另外，及时的反馈和调整是非常重要的，给予学生明确的反馈，指出他们的行为和技能的优点以及需要改进的方面，可以帮助他们理解正确的行为和技巧，并提高他们的表现能力。

（二）强化理论

斯金纳的“强化理论”认为，人类的行为受到环境的强化和惩罚的影响。按照该理论的观点，强化指的是一种刺激，能够增强某种特定的行为。强化有正向强化和负向强化两种形式，其中正向强化是指通过给予奖励或者积极的反馈来增强行为，而负向强化则是指减轻不愉快的体验来增加某种行为的机会。

斯金纳认为行为是通过反应与环境之间的相互作用来建立起来的，并且这种相互作用可以通过强化来改变。他认为，通过在特定情境下诱导特定行为，并通过积极的或消极的强化来加强或削弱该行为，可以改变人们的行为习惯。值得注意的是，强化并不是一种外部力量，而是在很大程度上由个体对自身行为的反应和评价所决定的。同时，斯金纳认为强化并不一定是通过物质奖励实现的，人们也可以通过自我强化来改变自己的行为，例如，通过自我鼓励或者自我惩罚来调整自己的行为。

积极强化和消极强化在行为塑造方面有着不同的作用和效果。斯金纳认为消极强化是一种“治标不治本”的手段，因为它只是一种暂时的解决方案，并不能真正教会个体正确的行为。惩罚只是暂时地抑制了错误行为，没有提供替代的正确行为。而积极强化（奖励）则能够帮助个体建立正确行为的积极联想和情感，从而促进长期的行为改变和发展。

（三）控制论基础

程序教学被认为是一种“闭环式的”循环控制系统，因为它采用了一种类似于工程控制系统中的反馈循环的设计。这个教学方法将学习过程视为一个由输入、处理和输出组成的闭环系统，有着明显的控制论特征。学生受到某种刺激（输入），然后通过对刺激做出反应或者行为（处理），最终得到相应的结果或者强化（输出），这种输出又会成为下一轮学习的输入，形成了一个循环。同时，在这个过程中，教师扮演着控制系统的角色，通过对学生行为的强化或者惩罚来调节学习的方向和效果。这种教学方法的闭环式结构使教师能够根据学生的反馈信息及时调整教学内容和方法，以期望达到更好的教学效果。同时，它强调了学习过程中的积极强化，即通过奖励或者正向反馈来强化学生的正确行为，从而促进学习的积极性和主动性。

一般情况下，体育教学的模式非常符合循环控制的特征，因为它不仅是一个传授知识和技能的过程，还涉及对学生行为和动作的调节、强化和反馈。首先，在体育课上，教师会向学生传授运动技能和战术知识，然后学生通过练习和实践这些技能和知识，最终达到提高身体素质和运动能力的目标。其次，体育教学中也存在着明显的反馈机制：教师可以通过观察学生的表现和动作，给予即时的积极强化或者指导性反馈，从而调节和改善学生的运动姿势和技能；学生则通过自我感知和教师的指导来修正自己的动作，形成一种自我调节的过程。最后，体育教学中的强化机制也非常重要，教师通过奖励表现优异的学生，激励他们继续努力，通过训练和指导来纠正不良的运动习惯，以避免错误动作的发生。

（四）信息论基础

在认知心理学中，学习被视为一种信息加工的过程，就像计算机处理数据一样。学习的过程通常开始于接收输入信息，包括来自外部世界的感知输入（比如观察别人做动作）或者来自内部记忆的信息（比如回忆过去学习的经验）；接收到的信息会在学习者的大脑中经过分析、组织、理解和记忆，学习者可能会将新的信息与已有的知识进行比较，寻找规律和模式；经过加工处理后，学习者就能产生相应的输出，比如，尝试去模仿所学的动作，或者在实践中运用新的技能。在这个过程中，学习者的认知系统扮演了重要角色，类似于信息处理系统。

许多体育运动需要高度协调的动作和熟练的技能，大脑皮质的感觉运动区、运动规划区和运动执行区等多个功能区域的协调和控制，在运动技能的掌握过程中发挥着重要的作用。体育学习需要将知觉和运动有效地整合，这些信息都需要在大脑皮质中进行综合和调节，以做出准确的动作。大脑皮质在动作的掌握和调节中扮演了关键角色。运动学习不仅涉及技能本身，还包括运动的精细调节和适应能力的提升，这些过程都依赖于大脑皮质对动作的控制和调节。另外，体育学习通常需要较高的参与意识，学习者必须有意识地思考和调节自己的动作表现。这种意识水平的参与又依赖于大脑皮质对感知和运动的整合处理。

虽然人们一般认为听觉是接收信息的重要渠道，但实际上，普通人日常接收的信息中大部分都属于视觉信息，其内容和听觉信息相比，信息密度更高、表现力更强，能够提供更强的空间感知，也更容易被记忆和联想。在体育项目中，视觉信息往往更为重要和直观，而且体育教学强调实际操作，技巧往往难以用语言准确描述，学生需要亲身参与和体验运动动作，通过实际练习来掌握技巧和提高技术水平。

在体育项目的教学中，学生通常通过观察教练的示范或视频分析，来直观地感受正确的动作形态、姿势和技巧要点，便于理解和模仿；也可以通过视觉反馈，如观察自己的运动录像或镜子中的姿势，来纠正和改进技术动作。此外，观看优秀运动员的比赛或表演可以激发学习者的兴趣和动力。视觉上的震撼和鼓舞可以激发学习者追求卓越、超越自我的精神，从而更加投入训练和比赛中。

教学信息不仅是传递给学生的知识和技能，还反映着教学系统自身的一些重要方面，如教师的教学方法和策略、学生的学习情况和理解水平、教学环境和教学资源的情况。教师的教学风格，教学资源的使用以及教学活动的设计等都可以通过教学信息来体现；学生对教学信息的接收、理解和应用程度，可以反映他们的学习状态和学习能力；教学信息中的多媒体资料、教学设备的使用情况，以及教室的布置和学习氛围等，都可以通过教学信息来了解。

按照信息论的观点，可以将教学系统看作一个信息传递的过程。教学系统的目标是通过传递和交流信息，使学生获取知识和技能。教学系统中有一个发送者（通常是教师）和一个或若干接收者（学生）。发送者的任务是传递信息，而接收者的任务是接收和理解信息；教学系统中的信息源是知识和教育内容，一般来自教材、教师的讲解、多媒体资料等。发送者将知识和信息编码成适合学生理解的形式，例如文字、图表、演示等；接收者则需要解码这些信息，理解其含义。教学系统中的反馈是非常重要的，学生通过反馈来确认自己是否理解和掌握了所学的知识，教师也可以通过反馈了解学生的学习情况，从而调整教学策略。

信息论提供了一种理论框架，可以帮助体育教师和学生更好地理解和应用教学过程中的信息传递和处理。在体育教学中，教师需要将技术和战术的信息传递给学生，而程序教学能通过明确的步骤和指导，以有组织、有结构的方式将信息传递给学生。信息论中的概念，如信噪比和容量，可以帮助教师评估学生对信息的理解和应用程度，通过观察学生的表现和接收学生的反馈，调整教学策略和方法，以提供更有效的信息传递和学习体验。

（五）心理学基础

1. 行为主义心理学

行为主义心理学关注个体的行为以及这些行为背后的心理过程。按照该理论的观点，学习过程是通过环境刺激和个体的反应之间的关联来实现的。

学习的起点是环境中的刺激，包括外部刺激（如声音、图像或触觉）和内部刺激（如思维或情绪）。刺激可以引起个体的注意，并触发后续的学习过程。在接收到刺激后，个体做出特定的反应，如说话或移动身体，或思考、记忆、情感反应。

学习过程中的关键要素是强化。强化是指增加某种行为发生概率的过程。正向强化是指通过给予奖励或积极结果来增加某种行为的发生概率，负向强化是指通过消除不愉快的刺激或后果来增加某种行为的发生概率。学习的核心是建立刺激和反应之间的关联。当一个刺激和一个特定的反应反复出现在一起时，个体会逐渐形成固定的刺激—反应关联，这种关联可以通过经典条件作用或操作条件作用来培养。

经典条件作用是指在一个中性刺激（如声音）与一个有意义的刺激（如奖励）之间建立关联。通过多次重复这种刺激，个体会逐渐将中性刺激与有意义的刺激联系在一起，形成条件反射。学习后，个体可以将学到的知识应用于类似的情境中，这称为泛化。然而，个体也需要区分不同的情境和刺激，以便适当地调整他们的反应。

有人指出，繁重的学习任务会提高学生的学习焦虑水平，从而拉低学生的学习效率。学生感到时间紧迫、任务过多或难度过高时，认为自己“无法完成任务”，学习动机下降，注意力逐渐分散；长时间的连续学习将导致学生过度疲劳乃至厌倦，进而影响学习效率。这种焦虑会干扰学生的注意力、思维和情绪，从而降低学习效率。

因此，合理安排教学程序对体育教学至关重要，是加强学生学习效果的关键。通过有序的教学程序，体育教师可以帮助学生逐步掌握运动技能和战术，培养他们的身体素质和运动能力，在适当的时间内学习到正确的技术和知识。

2. 体育心理学原理

体育心理学是研究运动员在体育活动中的心理过程和行为的学科，其观点指出：学习动机在体育教学中起着重要的作用，它指导着学生参与体育活动的动机和意愿。

学生在体育教学中的学习动机应该是自主的，即学生自己内在的意愿和动机驱使他们参与体育活动，这种自主性的学习动机有助于学生更好地投入体育教学中，增强学习效果。体育教学的动机可能来自对个人成就的追求，也可能来自与他人的社交互动。通过设定具体的目标和提供适当的反馈，开展合作、竞争或团队合作等活动，学生会进一步迸发成就动机，更加努力地参与体育活动，提高技能水平。

学生在体育教学中的学习动机与自信心密切相关。当学生对自己的能力和技能有信心时，他们更有动力去学习和提高个人技巧。因此体育教学应该注重培养学生的自信心，帮助他们克服挑战和困难。

学习动机在体育教学中具有重要的意义。首先，在积极的学习动机激励下，学生能够更好地投入体育教学中，从而提高学习效果和技能水平；其次，学习动机可以帮助他们培养对体育活动的兴趣和爱好，促进他们长期参与体育运动；最后，学生的学习动机可以促进他们与同学的社交互动，增强团队合作和竞争意识，培养良好的人际关系。

在体育学习动机中，自觉性和直接兴趣在一定条件下可以相互影响和转化，从而共同推动学生参与体育学习的动机。自觉性是指学生内在的意愿和动机，是一种自主性的学习动机，当学生对体育活动产生了自觉性的兴趣和动机时，他们会更主动地参与学习，投入更多的时间和精力。自觉性的动机可以促使学生积极地寻求挑战和成就，追求个人的发展和成长。直接兴趣指学生对体育活动本身的兴趣和喜爱，当学生对某项体育活动产生直接兴趣时，会更愿意参与其中，享受其中的乐趣和快乐。直接兴趣可以激发学生的积极参与和投入，增强他们的学习动力。

3. 运动技能形成规律

从运动技能形成原理来看，形成运动技能就是要在刺激的不断重复下建立“运动条件反射短时性神经联系”，进而形成正确的技术动作。只有外部刺激才能形成运动技能。在学习中除了外部刺激，内在的心理活动如情感、态度、思想活动等的作用对学习效果的影响也很重要。例如，情感在技能认知中进行活动定向，意识的作用在于支配动作的实施。学生在学习中表现出的主动性和积极性是建立在情感对教学信息的接收上，并认识到学习内容的价值，这时意识控制才会加强。虽然在练习中会出现错误动作，但可以得到及时的信息反馈，能够在主观上朝向练习目标，随着学习者控制能力的提高从而形成熟练的运动技术。运动技能从开始学习到熟练掌握的全过程可以分为泛化过程、分化过程、巩固过程、自动化过程四个时期，这四个时期是一个完整的动作技能形成过程。这个过程是互相联系、互相影响、统一且不可分割的。

从体育教学具体实践方面来看，所谓程序教学就是借助一定的方法（控制论中叫“算法”），按一定的顺序有控制地学习任何一种动作技能的教育过程，是一种新的具有综合性特点的教育过程。程序教学训练是根据控制论、信息论、系统论的一般规律确定的一种运动技能教学训练的方法与过程。程序教学的实质和核心是提高练习者掌握知识技能过程的控制性，即把学习知识和掌握动作技能的过程置于体育教师的最科学合理的控制之下，使这个过程的顺序性、经济性和实效性均达到最佳的程度，从而大大加强体育教学的效果。在体育教学中，教师根据具体的技术动作编写合理的教学程序，实质上是对动作技能进行科学合理的控制，并通过信息的传递与反馈控制学生学习技术的程序，使其有一定的顺序性，避免学生盲目学习，从而提高学习的经济性与实效性。

三、高校体育教学中程序教学模式的编制

（一）程序教学模式的编制方式

1. 直线式程序教学

“直线式程序教学”也称为“指导式教学”或“命令式教学”。它是一种以教师为中心的教学方法，通过明确的指导和命令，引导学生按照特定的步骤和顺序进行体育运动或活动。该教学法一般将教学内容分解为若干部分，按照一定的顺序教学。在高校体育教学中，直线式程序教学通常用于教授学生各种体育项目的基本技能，如篮球的投篮姿势、足球的传球动作等。教师通过明确的指导和示范，让学生按照特定的步骤和顺序进行练习，以帮助他们掌握正确的技术动作。

2. 分支式程序教学

分支式程序教学是一种基于任务和问题解决的教学方法，相比直线式程序教学，分支式程序教学的每一个分解环节的内容更多，教学周期也更长，师生要在每个环节中确定具体的算法程序（具体的教学手段）。

分支式程序教学强调学生通过解决问题和探究问题来获得知识和技能。在体育教学中，学生可能面临各种实际情境和问题，通过运用所学知识和技能来解决问题，并进行反思和改进。这种问题解决和探究的过程使学生能够更深入地理解和掌握体育知识和技能。一般来说，这种教学方法适用于技术结构复杂的运动项目，用来夯实练习者的动作基本功。

（二）程序教学模式的编制特点

1. 教学内容的时序性

时序性指的是教学活动按照一定的顺序和时间安排进行，强调教学过程中的各个环节和步骤之间存在着相互关联和有序性。相比传统的教学模式，程序教学更注重教学过程的监督、反馈、约束、限制，因此其控制作用更强。

2. 实际教学效果显著

程序教学在个别教学、激发学习者积极性和教学效果方面有着明显的优势。

传统教学通常是面对整个班级进行授课，难以满足每个学生的个别需求。而程序教学在分组教学的前提下，仍能开展个别训练，根据学生的水平和进度提供个性化的学习内容和指导。通过定制化的学习路径和个人化的反馈，程序教学能够更好地满足学生的学习需求，提高学习效果。

传统教学中，学生可能会因为课堂环境、教学方法或教师的个人风格而感到压力或不适应。而程序教学可以以互动的方式呈现学习内容，提供多样化的学习资源和活动，增加学生的参与度。学生可以在自己的节奏下进行学习，自主探索和解决问题，培养主动学习的能力。

程序教学将教学内容分解成若干阶段，在每个阶段的教学效果得到保证之后，才推进下一步教学计划，因此教学的训练过程和最终的教学训练效果都能得到保证。教师可以根据学生的学习情况和表现进行实时监测和评估，及时调整教学策略和内容。

首先，教材是教师教学的基础，它能提供系统化的知识结构和内容框架，没有教材作为指导，教师很难有条理地传授知识，也容易造成学生学习能力与教学内容不相符合的情况。其次，教材的研究与分析可以有效地帮助教师掌握学科知识的结构和内在逻辑，了解学生的学习需求和能力水平，从而确保教学内容与学生的学习能力相匹配，使教学更加精准和有效。最后，不同的教材需要不同的教学方法和教学资源，针对性地进行教学设计可以增强教学效果，而仅凭个人经验和直觉进行教学，容易忽视学生的差异性和个体需求。

因为程序教学本质是建立在传统教学模式基础之上的，所以（起码理论上）不完全排斥原先的教学模式，能够实现自然的过渡。

3. 在程序教材中完成

程序教学包含了明确定义的步骤和奖惩机制，以引导学生按照特定的学习目标行动，将教学过程视为一种通过激励来塑造学生行为的过程。在这个控制系统中，教师扮演着监督者和激励者的角色，而学生则是被控制的对象。因此，程序教学的本质接近某种控制系统。

教师首先根据学习目标和学生的特点设计特定的教学程序，包括教学内容、教学方法、评价标准等，即教师向学生传递教学内容和学习目标的信息。接下来，学生通过听讲、阅读教材、观看示范等方式来获取信息，接收并理解教师传递的教学内容和学习目标，再根据教学程序展现出特定的行为（完成作业、参与课堂讨论、展示特定技能等），这些行为是学生对接收到的信息做出的反馈。教师根据学生的表现行为给予相应的奖励，以引导学生朝着预期的学习目标前进，这个过程也是教师向学生传递信息的环节；学生根据教师的反馈调整自己的行为，以期获得更多的认可，这是根据接收到的信息做出相应的调整。

（三）程序教学模式的编制原则

1. 小步子原则

程序教学模式编制的“小步子原则”是指在教学过程中，将学习目标分解成为一系列小的、可操作的步骤，让学生逐步完成这些步骤，从而达到整体学习目标的教学原则。这些步骤之间存在知识逻辑关系，按照由浅入深、由简到难的顺序，构成一个有规律的教学序列。原则上讲，学生在习得知识的过程中，只要遵循编排好的步骤进行到最后一步，就能掌握所有内容，即使遇到知识漏洞或困扰，只要返回对应的步骤加以巩固就可以解决。

小步子原则要求教师先确定学习目标，并将其分解为具有可行性的小步骤，以便学生逐步完成；学习步骤的难度应该是渐进式的，从简单到复杂，从易到难，让学生逐步掌握和应用知识或技能；教师需要为学生提供清晰的指导，确保他们能够理解每一个阶段的具体要求和完成方式，避免学生对任务感到困惑或无所适从；学生完成每一个阶段的学习后，教师需要及时反馈，肯定正确的行为，纠正错误的行为，以帮助学生不断改进，并向着学习目标前进。

2. 即时强化原则

“即时强化原则”是指在教学过程中，教师对学生的行为进行及时的强化，引导学生通过自己的努力找到解决问题的办法，促进正确的思考方式。因为程序教学中有“返回上一阶段巩固知识”的环节，所以学生可以随时发现自己的薄弱环节，并通过再学习加深印象。

学生学习动机的缺失，往往来自学习过程中遇到的困难（尤其是付出努力后仍无法解决的问题）。教师必须重视类似的现象，充分发挥程序教学的优势，及时予以指导。即时强化原则强调了对学生积极行为的即时肯定和对错误行为的即时纠正，旨在增强学生的学习动机，提高学习效果。

当学生表现出积极的学习行为或高效的思考习惯时，教师应该立即给予肯定和鼓励；当学生出现错误或不良行为时，也应该立即进行纠正和指导，避免错误行为的持续发展。教师需要频繁地对学生的行为进行反馈，无论是积极的还是消极的，都需要及时回应，以便学生清楚地知道自己的行为是正确的还是需要改进的。

3. 自定步调原则

“自定步调原则”是指在教学过程中，根据学生的个体差异和学习特点，灵活地调整教学步调，以满足不同学生的学习需求和发展水平。在程序教学模式下，教师可以针对不同学生的学习风格、兴趣爱好、认知能力等个体差异，差异化地设计教学内容和任务，使每位学生都能够在适合自己的学习步调下进行学习；在安排教学活动和任务时，考虑到学生的学习进度和需求，给予一定的弹性安排，让学生能够按照自己的学习节奏和能力进行学习，避免出现过快或过慢的情况；鼓励学生在学习过程中掌握一定的自主选择和控制权，让他们能够按照自己的学习步调进行学习，激发学习动机和积极性。通过遵循自定步调原则，教师可以更好地关注学生的个体差异，充分尊重和倾听学生的需求，使教学更加贴近学生的实际情况，强化教学的效果和学生的学习体验。

4. 主动反应原则

在教学过程中，教师需要根据每一阶段的具体安排，以及学生的学习情况和反馈，及时给予学生反馈，以便更好地让学生获得提示，促进他们的学习发展。

学生在完成一个学习任务或内容后，如果能够立即得到强化或奖励，就能够直接将自己的努力与回报联系起来。这样的即时反馈能够帮助学生更清楚地理解自己的行为与结果之间的关系，激发他们的积极性和动力，建立起对学习任务的积极态度，认为学习是有价值的、有意义的。

及时的强化或奖励可以增强学生的内在动机，使他们更多的是出于对学习过程本身的兴趣和愉悦感而进行学习，而不仅是为了外部的奖励或回报。学生在得到及时的强化或奖励后，会更加专注努力地学习，从而加强学习效果和记忆深度，形成良好的学习习惯。

（四）程序教学模式的编制目标

程序教学模式的目标在于“让绝大部分学生掌握基本技术动作，了解技术原理”。因为程序教学模式更加注重个体差异，明确对学生掌握程度的期望值，而不是一刀切地要求所有学生达到相同的标准，这样的目标设置能够更好地满足不同学生的学习需求，有利于促进个性化发展。程序教学模式强调学生对基本技术动作和技术原理的掌握，这是为了确保学生具备运动基础和相关知识，从而在今后的体育锻炼和竞技活动中有更好的表现。

程序教学模式的目标更加贴近学生实际水平，更具可操作性和实施性。通过设定针对性更强的目标，程序教学模式可以更好地指导教学过程，帮助教师更好地设计和组织教学内容和方法，加强教学效果，使更多学生真正掌握所需的知识和技能。

（五）程序教学的控制系统

从控制系统的角度来分析程序教学的过程，可以将教师视作控制器，学生视作执行器：教师负责设计和引导教学过程，通过设定教学目标、选择教学内容、制订教学计划和采用相应的教学方法来控制教学过程的方向和进程，就像控制系统中的控制器一样；学生接受并执行教师的指令和指导，参与教学活动，获取知识和技能。学生的学习状态和反馈信息将会影响整个教学过程的进行，类似于控制系统中的执行器。在教学过程中，教师向学生传递知识、技能和指导信息，学生通过学习和实践产生反馈信息，包括对教学内容的理解程度、学习困难和需求等。这些信息的传递和反馈构成了教学过程中的信息运动，类似于控制系统中的信号传递和反馈机制。这一模式中，师生之间信息的回馈和回馈的反复占了大部分，其在教学内容的深化和教学效果的改善方面，有助于提高学生对基本技术动作和技术原理的掌握程度，促进学生的综合素质发展，并通过关注个体差异提高学生的学习积极性和主动性，从而加强整体的教学效果。

程序教学注重教学内容的系统化和结构化，强调技术动作的连贯性和完整性。教学过程中的每一个环节都是按照一定的逻辑顺序展开的，教师会以系统化的方式呈现动作技术的要求，通过逐步分解动作、演示、指导和练习等环节，对学生进行动作技术的程序化教学，帮助学生理解和掌握动作的整体结构和要求。在教授特定项日技术动作时，　般会先介绍基本原理，然后分解动作步骤，最后进行整体练习，这种严格的逻辑顺序有助于学生系统地理解和掌握所学内容。

通过快速的信息反馈，教师可以及时发现学生在学习过程中的错误和困惑，并及时给予指导和纠正。如果学生得不到及时的纠正，错误可能会更加巩固并影响后续学习，导致学习效果下降。因此，建立快速且有效的信息反馈控制系统对于获取最优的教学效果至关重要。它是帮助教师及时纠正错误、提供激励和肯定、调整教学策略以及监控学生的学习进展，提高学生的学习动力和参与度，优化教学效果的关键。

四、程序教学模式在高校体育教学中的实践创新

程序教学模式作为一种有效的新型教学模式，可以改善并促进体育教学不断发展。当前，不少体育教师为了更好地增强程序教学模式的教学效果，提出了程序教学模式与时空认知相结合的体育教学模式，即程序—时空认知教学模式，不断地对程序教学模式进行创新研究，并应用于实践中。

（一）程序—时空认知教学模式的概念

时空是一种客观抽象的概念，是万事万物存在的基本属性，能被人们所感知。而认知则是一种主观抽象的概念，是个体认识外在的过程。在认知过程中，人脑会主动加工接收的信息，这种加工就是认知过程，即人的感觉器官对外界事物带

来的刺激进行信息加工的过程。所以时空与认知结合在一起的理解就是：人脑对所感知到的外界事物的存在形式进行信息加工处理的过程。程序—时空认知教学模式正是基于学生时空认知的感觉、表象等规律，结合体育技术项目的一般教学程序，连接“主动认知”与“教学”的模式。

（二）程序—时空认知教学模式的应用

1. 教学程序与时空口诀

（1）程序编制方法

一般的程序编制可以采用直线式程序、集中式程序和交叉式程序三种编制方法。直线式程序将动作分成小步骤，按顺序学习并练习；集中式程序先学习前几步内容，逐步完成整个动作的学习；交叉式程序则是整体学习后再分步学习，反复练习直到熟练掌握。

（2）注意事项

编制体育技术教学程序时需要结合技术特点和内在规律，将技术分解并重组为新的教学程序。教师可以在课前根据教学步骤设计时空口诀，帮助学生理解运动技术的时空特征。时空口诀要简单明了，便于学生理解和记忆，发挥最大作用，辅助技术动作的学习。在编制教学程序和时空口诀时，应在结合两种教学模式的基础上考虑合理性，达到提高学生技术水平、培养认知能力和自学能力等多方面教学目标的效果。

为了让学生更容易掌握运动技术，编制运动技术教学程序时需要事先了解学生的差异，包括个体情况、对体育运动的认识程度和兴趣程度，以便编制出符合学生实际情况的教学程序，并在教学中取得理想效果。

（3）程序教学模式构建案例

革新教学教法，形成“三五一，阶段递进”教学模式。基于体育学—练—赛—评的学习过程特点和泛化—分化—自动化三阶段技能形成规律，采用任务驱动法教学，在课前启化，课中内化，课后转化三个阶段分别制定不同任务点，将任务实施转化为符合教学规律和学生认知规律的教学过程，并确保教学过程和结果有据可依、有规可循，明确学习任务和教学流程（图 5-2-1）。

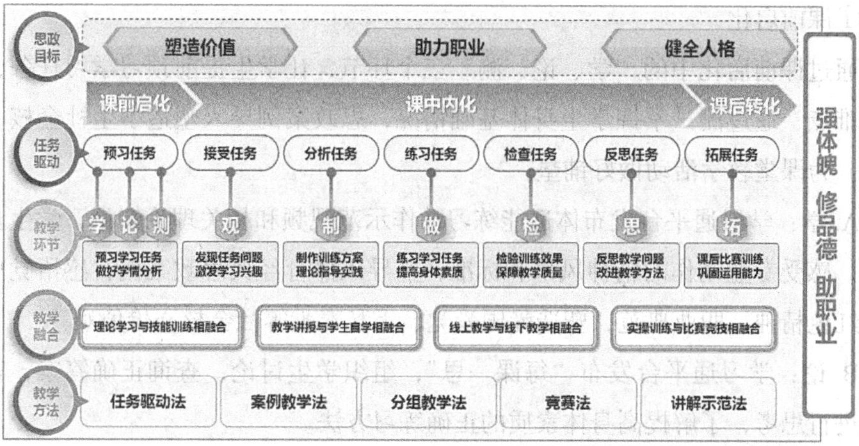

图 5-2-1　课程模式图

（4）程序教学模式的实施过程

教学实施遵循“三五一、阶段递进”教学模式。以任务驱动为导向，以身体素质练习、素质拓展破冰游戏为依托，在学习过程的课前启化、课中内化、课后转化三个阶段，布置相对应的学、论、测、观、制、做、检、思、拓任务点。每个任务点内容明确、目标清晰，学生在完成任务的同时，掌握了运动技能和科学锻炼方法，养成了良好的体育锻炼习惯，并全程融入思政要素，突出实现以体育人、以体载德的教学任务（图 5-2-2）。

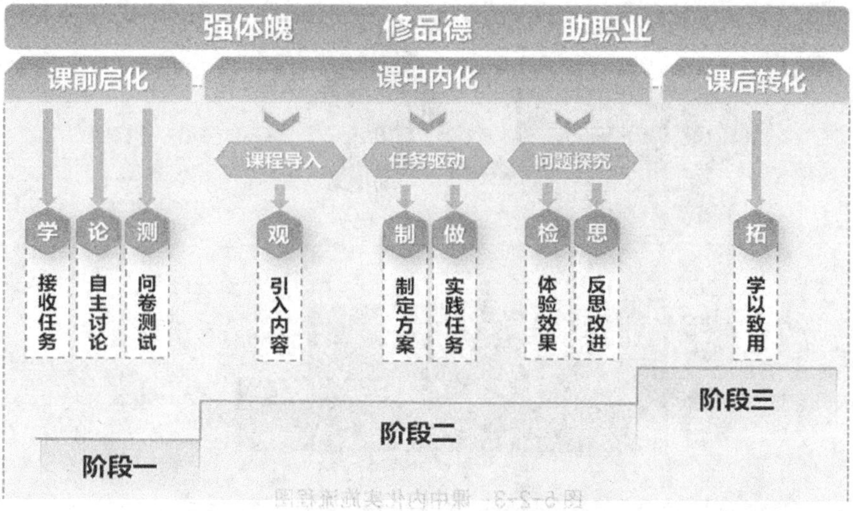

图 5-2-2　程序教学模式的实施过程图

①课前启化

通过课前启化中的“学、论、测”三个环节，让学生提前预习学习任务，发现重难点，通过测试掌握学生身体基础情况，思政案例导入塑造学生社会核心价值观，为课堂教学活动做好铺垫。

A. 学：学习通平台发布体适能练习动作示范视频和相关理论知识，学生自主学习，感受专业动作的精神风采和标准，并导入体育经典思政案例，感悟党史国情、红色精神、职业典范，塑造爱国爱党、无私奉献等社会核心价值观。

B. 论：学习通平台发布“每课一思”，组织学生讨论，查询正确答案，在自学中进行思考，了解提高身体素质的正确练习方法。

C. 测：学习通平台发布课前小测验，学生完成答题，巩固知识点，对比国家大学生体质健康测试标准，学生自行测试各项身体素质，找到自身与标准形态和良好体能的差距，发现问题，形成危机意识，主动参与学习。

②课中内化

课中内化按照“创设情境→自主讨论→精讲多练→分组协作→师生小结”五个步骤组织实施“观、制、做、检、思”任务点教学，接受、分析、练习、检验、反思教学任务，解决教学重难点，课堂开始部分以素质拓展破冰游戏培育职业精神，课堂活动健全学生人格，让学生在任务目标的驱动下完成学习，掌握技术技能，培育职业精神和能力，达到教学目标（图 5-2-3）。

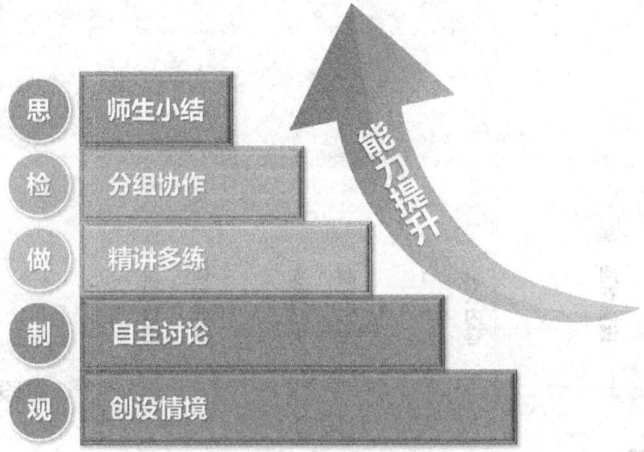

图 5-2-3 课中内化实施流程图

A. 观：课堂开始部分运用拓展素质破冰游戏和天天跳绳 App 游戏，活跃课堂氛围、热身，培养精益求精、沟通协作等职业精神，组织学生观看相关知识视频和教师动作示范，感受场上比赛氛围，激发学习兴趣。

B. 制：教师引导，组织学生分组讨论教学重难点、易犯错误，提出要求，制定教学方案，明确教学任务。

C. 做：教师精练讲解，运用任务驱动、分组等教学方法组织训练，解决教学重难点，增强身体素质，掌握运动技能，并通过个人展示、小组竞赛等方式培养、健全学生持之以恒、乐于助人等人格。

D. 检：利用教师提问和学生展示，并组织师生互评、生生互评、学生自评等检测课堂效果，了解学生目标达成情况。

E. 思：师生共同反思，找出课堂存在的问题和原因，明确下一步的改进措施，巩固教学效果。

③课后转化

坚持课内外有机结合，落实“教会、勤练、常赛”要求，拓展任务，学习通平台发布课后每日打卡和挑战赛任务，学生按时上传训练视频，巩固学习效果。组织开展各类体育比赛，搭建学生展示平台，以赛促练，激发运动热情。教师针对每一位同学制订个性化锻炼计划，指导学生长期运动、科学运动，为终身体育打下坚实基础。

2. 跳远教学中的应用

结合程序教学模式和时空认知教学模式，教师可以针对现代跳远技术的特点，设计时空认知教学模式下的跳远教学流程。该流程包括教师准备工作、常规教学与示范、自主练习引导、测试和反馈，以及课程结束后的问卷填写和回忆总结。

课程开始前，教师要确定不同阶段的教学目标以及每节课的内容，编制时空口诀；在课程的开始阶段，教师教授时空口诀，进行讲解示范，让学生进行时空感训练；在自主练习阶段，教师引导学生自主练习，相互交流并反馈意见，及时纠正错误动作，进行强化练习；在对学生进行测试阶段，依据熟练度确定学生是否通过测试，以及是否需要强化训练，反馈学习过程；在填写时空认知问卷阶段，让学生回忆课堂流程和自己的体验。

3. 排球教学中的应用

随着教育体制的不断完善，对学生学习方法和能力的强调更加深刻，广大教育工作者的职责更重要的是培养学生能力，这些能力包含着德、智、体、美、劳多个方面。技能类体育教学一直是体育课程的难点，由于学生自身体质及素质的不同，对技能的理解和掌握速度与程度有明显差异。尤其对于较为专业的技能而言，想要有效完成教学内容、获得好的教学成果更非易事。程序教学法将教学内容按照既定目标划分为若干单元一一传授给学生，有序、快捷、易于理解，并使教师随时了解学生各单元的掌握情况，是近年来兴起并广泛推广的教学形式。作者尝试将程序教学法的精髓应用于排球教学，取得了一定的成果。

教师在上课之前需要关注教材、学生和方法，编制教学程序和时空口诀，让学生掌握排球的基础动作要领，以及将教材和学生结合起来进行动作演练。课堂开始时间段，教师进行技术讲解和示范，强化学生的动作感觉，促使他们主动练习。在自学自练阶段，教师引导学生选择适合自己的学习程序，并鼓励他们相互交流、帮助解决问题。教师还要进行主观测试，针对不同情况给予不同的帮助和关怀。最后，教师需填写反馈表和自评细则表，以了解学生学习情况和课堂体验。排球程序化教学是一个系统性的教学方法，它结合了课前启化、课中内化、课后转化以及阶段教学的特点，以实现排球教学的高效性和个性化。以下是对排球程序化教学的案例应用：

（1）课前启化

目标设定：根据学生的学习能力、技能水平和兴趣，设定具体的、可衡量的教学目标。例如，在初学阶段，目标可能包括掌握基本姿势、移动、垫球、发球等基本技能。

材料准备：准备相应的排球教学材料，如教材、视频、演示设备等，以辅助教学，使学生提前对学习内容有所了解。

兴趣激发：通过排球相关的视频、比赛回顾、趣味游戏等方式，激发学生对排球学习的兴趣和热情。

（2）课中内化

技能演示与讲解：教师首先进行排球技能的演示和讲解，确保学生理解和掌握技能要点。

实践训练：通过小组练习、对抗练习、模拟比赛等形式，让学生在实践中反复练习和巩固技能。

教师指导与反馈：教师在学生练习过程中进行巡回指导，及时纠正错误，并给出积极的反馈，帮助学生树立信心。

小步子教学：按照“小步子原则”，将复杂的技能拆分成若干个小的、有逻辑顺序的单元进行教学，确保学生能够掌握。

（3）课后转化

自我复习：鼓励学生课后自我复习和练习，加深对所学技能的理解和掌握。

家庭作业：布置适当的家庭作业，如排球技能练习视频提交、技能学习心得分享等，促进学生自主学习。

同伴互助：鼓励学生之间相互学习和帮助，形成良好的学习氛围。

第三节　网络教学模式

一、高校体育教学中多媒体技术的应用

（一）多媒体教学技术的特征

1. 多维性

多媒体技术在教学应用中可以加工、扩展、变化基本的教学信息，进而输出更为丰富多彩、形象生动的信息，这种对信息范围的扩大功能有利于加强信息的显示效果，增强信息的表现力，使教学信息更容易被学生接收。例如，在高校体育教学开展的过程中，利用多媒体系统进行辅助教学，不仅能保证学生对文本知识的学习，还能在多媒体技术的支持下清楚地观察、了解体育教师的动作演示，使教学效果得到加强。

2. 集成性

多媒体技术在其本身设备性能和对信息的处理传播方面都有较高的集成性。多媒体设备是各个设备组成部分的集合，包含各种音视频设备、计算机系统等；

多媒体技术能够将各种类别的信息进行集成化输出，例如，声音与文字的同步组合，视频与文字的同步组合等。总而言之，集成性是在多种设备上将多种媒体紧密地进行关联，使文字、声音、图片与视频的处理实现一体化。

3. 交互性

多媒体教学技术的交互性特征主要体现在人和人之间、人和机器之间、机器和机器之间的交互活动中。这也是多媒体计算机系统不同于传统音响、电视机等家电设备的地方。根据实际的需要，人们不仅能选择、控制、检索多媒体系统，还能播放多媒体信息与组织编排多媒体节目。

4. 数字化

多媒体教学技术的数字化特征主要是指在多媒体计算机系统中，各种各样的媒体信息都是以数字的形式在计算机中存放与处理的。多媒体技术是在数字化处理的前提下被建立的，例如，以矢量方式储存与处理的图形、以点阵方式储存与处理的图像、以数字编码方式储存与处理的音频和视频。在数字化技术发展的背景下，多媒体教学技术得到了广泛的传播与发展。

除了上述四种主要特征，多媒体教学技术还有其他一些特征，如实时性、分布性与综合性等。所谓实时性特征，主要指的是对同时间相关的声音与视频信号等的处理，人机的交互显示、操作与检索等操作都存在实时完成的要求。所谓分布性特征，主要指的是基于多媒体数据多样性的存在，在不同的时间与空间都会存在它的素材，并且在不同的领域中也得到了广泛应用。多媒体计算机系统还存在比较明显的综合性，它不仅能综合集成各种媒体设备，还能综合集成各种信息，使它们成为整体。

（二）多媒体在高校体育教学中的应用优势

1. 更新高校体育教学观念

高校体育教学的传统教学模式是以教师的“教”为重心，在高校体育教学中应用多媒体技术，能够转变这种教学模式，加强学生的参与感，使体育教学以学生为中心展开。这种教学模式的转变主要依赖于多媒体技术的丰富性及人机交互特点，这种现代化技术的运用可以引起学生的学习兴趣，使学生在课堂上注意力高度集中、充分参与，进而促进教学水平的提高，是变革和创新教学方式的重要途径。

2. 提高高校体育教学质量

传统教学方式主要依赖于教师的讲解及示范，这种教学方式存在一定的弊端。首先，单纯的教师讲授过于枯燥难以引起学生兴趣，不利于学生对知识的理解。其次，教师在高难度动作的演示上难免会有一些偏差，很难做到完全规范和标准，使学生难以理解动作技巧和要领。然而，多媒体技术教学很好地解决了这两个问题。多媒体技术可以综合音视频、图片、动画等展示方式，丰富了教学的方式，使教学内容更加生动、形象。最后，多媒体技术的先进性能够促进学生对于高难度技术动作的理解，可以通过极富表现力的慢放、建模等方式，使体育教学内容更加直观清晰，在增强学生学习兴趣的同时提高了教学质量。

3. 提高学生体育学习效果

多媒体技术作为新兴技术更容易被学生接纳，使教学过程更加丰富、具有吸引力。多媒体技术是一项综合性技术，在听觉、视觉等多个感官上同时形成刺激，这种信息输出方式更容易引起人知觉上的兴奋，有效提升学生注意力，也对课堂气氛的活跃有很大的帮助。对于高校体育教学内容的多元化展示，多媒体技术更容易体现体育教学的艺术文化特点，让学生对于体育的认识不仅仅停留在运动和知识层面，更能让他们认识到体育的艺术性和体育学科独有的肢体与力量上的美感。以下是多媒体技术在学习效果上的几点总结：

直观性：多媒体技术通过图像、声音、动画等形式直观地展示体育知识和技能，有助于学生快速理解和掌握知识要点。

互动性：多媒体技术能够提供交互式学习体验，激发学生的学习兴趣和积极性，提高学习效率。

个性化：多媒体技术可以根据学生的个体差异和学习需求，提供个性化的学习资源和路径，满足不同学生的学习需求。

高效性：多媒体技术能够快速地传递信息，缩短教学时间，提高教学效率。

（三）多媒体在体育教学中的具体应用

1. 体育比赛与多媒体的应用结合

虚拟现实（VR）技术：在体育课程中，VR 技术能够模拟真实的体育场景，如足球、篮球等比赛场地，让学生在虚拟环境中进行技能训练和比赛体验，提高运动技能和比赛能力。

在线视频资源：通过在线视频资源，学生可以随时随地观看体育比赛的录像、教学视频等，加深对体育知识和技能的理解与掌握。

2. 互动式学习与多媒体技术的应用结合

互动式学习是多媒体技术的重要应用之一。在体育教学中，教师可以通过多媒体平台设计各种互动游戏、在线测试和问答环节，让学生在互动中学习和巩固知识，提高学习效率。

3. 多媒体课件设计与多媒体的应用结合

为了充分发挥多媒体技术在体育教学中的作用，教师需要掌握一定的多媒体课件设计与制作技能。以下是一些建议：

明确教学目标和内容：在设计多媒体课件时，首先要明确教学目标和内容，确保课件能够准确、全面地呈现所需知识。

选择合适的多媒体形式：根据教学内容和学生的特点，选择合适的多媒体形式（如图像、动画、视频等），以提高学生的学习兴趣和积极性。

注重交互性和个性化：在课件设计中加入交互元素和个性化选项，以满足不同学生的学习需求，提高学习效果。

保持简洁明了：在设计课件时，要注意保持内容的简洁明了，避免冗余信息干扰学生的学习。

4. 运动损伤预防宣传与多媒体的应用结合

为了增强学生的运动安全意识并预防运动损伤的发生，可以制定以下多媒体宣传活动方案：

制作运动损伤预防宣传视频：通过视频展示运动损伤的常见原因和预防措施，引导学生树立正确的运动安全意识。

利用社交媒体进行宣传：通过学校官方微博、微信公众号等社交媒体平台发布宣传内容，扩大宣传范围并引起学生的关注。

开展互动问答活动：在宣传过程中设置互动问答环节，鼓励学生积极参与并回答问题，提高学生对运动损伤预防知识的认识和重视程度。

（四）对未来多媒体技术在体育教学中发展趋势的展望

未来，随着科技的不断进步和创新，多媒体技术在体育教学中的应用将更加广泛和深入。以下是一些可能的发展趋势：

智能化教学：通过人工智能和大数据技术，实现对学生学习行为和效果的智能分析以及个性化推荐，进一步提高教学效果和质量。

跨学科融合：将多媒体技术与其他学科进行融合和创新应用，如与心理学、生物力学等领域的结合，为学生提供更加全面和深入的体育学习体验。

全球化资源共享：通过互联网平台实现全球范围内的体育资源共享和交流合作，推动体育教学水平的不断提升和发展。

多媒体技术在体育教学中的应用具有显著的优势和价值。通过具体案例的分析和实践经验的总结，我们可以更好地理解和掌握多媒体技术在体育教学中的应用策略和方法。未来，随着技术的不断发展和创新应用的不断拓展，多媒体技术在体育教学中的作用将更加突出和重要。

二、高校体育教学中慕课的应用

（一）慕课概述

1. 慕课的概念

慕课是一种通过某一个共同的主题或者话题，将分布在世界各地的学习者与授课者联系在一起的教学模式。

慕课大多以话题研讨的方式进行，并且只会将一张大体的时间表提供给授课者与学习者。一般来讲，慕课课程不会对学习者有特殊的要求，进行说明的内容也比较简单。

2. 慕课的特点

（1）规模比较大

规模比较大指的是慕课多是大规模课程，而不是以个人名义发布的一两门课程。

（2）开放的课程

开放的课程是指慕课开设的课程对上课的时间、地点和学习者没有要求，只要学习者具备网络和终端设备并遵守授课协议即可在线学习。

（3）网络课程

慕课相关的课程都是在互联网上传播的，不管学生处在什么地方，也不需要花费太多的金钱，只要有网络连接与终端设备，就能够进行学习。

（二）慕课在高校体育教学中的应用

1. 慕课的应用价值

慕课自引入我国以来，经过了多年的推广，已有许多的学校开始了尝试，然而，慕课在高校体育教学方面的应用仍较少。实际上，慕课的教学方式在高校体育教学方面也是非常适用的。

首先，现代发达的网络使慕课的应用有很好的现实基础。人们在浏览网络信息的同时还能进行学习，一举多得。

其次，在高校体育教学中应用慕课的教学方式，不仅能保证学生深入学习活动的开展，还有利于学生自己掌握学习进度；同时，慕课中存在的学习资源是非常丰富的，有利于学生寻找到适宜自己的运动方式。

最后，在高校体育教学中应用慕课的方式，可以让学生在体育运动锻炼的过程中参考标准的动作完成体育锻炼。在这样的情况下，就像有一个专业的私人教练陪在自己身边，可以随时对体育锻炼活动进行正确的指导。

2. 慕课在体育教学中的发展

慕课的教学方式来源于国外，有一些内容对于我国高校而言是不适用的，必须进行一定时间的磨合才能够同我国的教学理念相适应。

基于这样的现实情况，我国大部分高校多是按照自己学校的特点自行录制慕课视频。在录制慕课视频的时候，可以是多所学校的教师共同参与录制、讨论，然后在对多个优秀的视频进行选择后，上传到网上，方便学生们进行观看、下载和学习。慕课教学模式依赖于互联网学习平台，打破了教学上时间与空间的壁垒，便于学生自主学习。这种教学方式可以加强学生和教师的交流，学生在平台上可以进行广泛的选择，选取适合自己的教学视频进行观看；加强了教师之间的交流学习，教师也可以通过平台随时观看其他教师的视频，开阔眼界，在对比中取长补短，弥补自身在教学上的不足；教师还可以观看自己的教学视频，更加客观地发现教学过程中可能存在的问题，也可以通过平台和学生交流，跟进学生的反馈情况，及时调整教学方法上的问题。在高校体育教学考核的问题上，计算机考核的方式可以不再使用，体育教师组织学生开展网络学习以后，再安排传统方式的考试即可。

尽管我国对于慕课的应用还处于发展阶段，但在现代网络发展的背景下，慕课的应用将是一种必然趋势。将慕课应用在高校体育教学中，能够给教师未来教学的开展带来一定的启示。需要注意的是，在使用慕课方式开展高校体育教学的过程中，还应该同国内的高校体育教学情况相结合。

3. 体育慕课平台介绍

当今，国内外已涌现出众多的体育慕课平台，如 Sport Skills、edX 等。这些平台提供了涵盖各种体育项目的课程，包括基础技能训练、战术讲解、运动损伤预防等。这些课程由专业的体育教师或运动专家授课，内容丰富、质量上乘。同时，这些平台提供了在线互动、社区交流等功能，方便学习者与其他学员和教师进行交流与互动。

4. 慕课在体育教学中的应用案例分析

以 Sport Skills 平台上的篮球课程为例，该课程由著名篮球教练授课，涵盖了篮球基本技术、战术应用等方面的内容。自上线以来，该课程已吸引了数万名学习者参与学习。通过该课程大部分学习者有效提高了自己的篮球技能水平，并且对篮球运动产生了更浓厚的兴趣。此外，该课程通过线上比赛、社区交流等活动进一步激发了学习者的学习热情和参与度。

5. 慕课在体育教学应用中的挑战与解决方案

虽然慕课在体育教学中具有诸多优势，但在实际应用过程中也面临一些挑战。首先，技术故障和网络问题可能影响学习者的学习体验。为解决这一问题，慕课平台应不断优化技术手段，提高平台的稳定性和可靠性。其次，部分学习者的参与度较低，缺乏学习动力。为此，慕课平台可以设计更多互动性和趣味性强的教学活动，吸引学习者的注意力。同时，加强社区建设，鼓励学习者之间互相交流、分享学习心得，形成良好的学习氛围。

6. 慕课在体育教学应用中的效果评估与发展趋势预测

通过对慕课在体育教学中的应用案例进行分析和评估发现，慕课在提高运动技能、普及运动知识以及培养终身锻炼习惯等方面产生了积极的影响。未来，随着技术的不断进步和教育理念的更新换代，慕课在体育教育领域的发展潜力将更加巨大。未来慕课将更加注重个性化学习和精准化教学，同时加强线上线下融合的教学模式探索与实践。此外，随着大数据、人工智能等技术的不断应用，慕课将能更好地满足学习者的个性化需求，提供更加优质的教学服务。

综上所述，慕课作为一种新型在线教育模式，在体育教学中具有广阔的应用前景和巨大的发展潜力。我们相信在不久的将来，慕课将在体育教育领域发挥更加重要的作用，为培养更多优秀的体育人才做出更大的贡献。

三、高校体育教学中翻转课堂的应用

（一）翻转课堂概述

1. 翻转课堂的概念

“翻转课堂”一词来源于英文词汇“Inverted Classroom”或“Flipped Classroom”，通常是指重新地调教学课堂内外时间的教学模式，从本质上来讲，就是学习的决定权不再属于教师，而是由学生掌握学习的主动权。

在翻转课堂教学模式的应用过程中，学生能够在课堂有限的时间内更专注地开展学习活动，教师也不会再耗费大部分的课堂时间去讲授信息，但是在课堂教学结束以后，学生需要自主地完成这些信息的学习。他们可以利用的方法有听播客、看视频讲座、阅读电子书，或者是通过网络同其他同学互相讨论。

综上所述，在翻转课堂教学模式下，不管什么时候，学生都能够对自己所需的材料进行查阅。教师同每一个学生进行交流的时间也得以增多。当课堂教学结束以后，学生就能够自主地对学习节奏、学习内容、学习风格与知识呈现的方式进行规划。

2. 翻转课堂的特点

（1）教学视频的短小精悍

翻转课堂通过几分钟、十几分钟的短视频来进行知识点的讲解，每个视频针对一个独立的教学内容。这种短频快的模式更利于学生注意力的集中，让学生在碎片化的视频中进行高强度的知识吸收和理解，这种方式更适合当代学生的思维习惯和特点。同时，这种碎片化的知识展现形式更便于学生查阅和检索，在学生想要寻找相关内容的时候，可以快速地找到并了解这一部分的知识。

（2）重新构建学习流程

翻转课堂的教学模式，加强了学生内化吸收的过程，减弱了学生对于教师和其他同学的依赖性，增强了学生在教学过程中的自主性和独立性，使教学不再大部分取决于教师的讲授，给予学生更多的学习空间，有利于培养学生的良好学习习惯，优化学习流程。

（3）复习检测的快捷方便

当学生观看完教学视频以后，就会看到视频结尾处出现的几个小问题（通常是四个或五个），这些问题能够帮助学生及时检验自己的学习情况，同时根据自身的学习情况做出合适的判断。对于这几个问题，学生的答案如果不是很理想，那么学生就应该回放一遍教学视频，仔细思考出现问题的原因。教师应通过云平台，将学生回答问题的实际情况及时地进行汇总、分析与处理，以更加客观、全面地了解学生的学习情况。教学视频的另一个明显优势，就是可以在经过一段时间的学习后，方便学生对学习到的知识进行复习与巩固。

（二）体育翻转课堂的实施策略

1. 做好在线虚拟教学平台的建设

在线虚拟教学平台是翻转课堂实施的主要途径也是教学内容的载体。在线虚拟教学平台的功能应该全面多样，教师要在平台上完成教学内容材料的上传、作业的发布、教学的监控等；学生要在平台上完成学习资料的线上学习或下载；师生之间、学生之间也可以通过平台进行学习交流。以上内容的实现都要依赖于在线虚拟教学平台中各个模块的搭建和配合，只有做好在线虚拟教学平台的完善工作，才能进一步开展翻转课堂教学模式。

2. 注重评价机制的创新

翻转课堂不仅是简单地将教学内容通过视频的方式呈现出来，还要注重教学过程中每个环节的变化，从而适应这种新的教学模式，特别是教学中评价机制的创新。在新的教育教学模式下，评价机制也要进行改革与创新，可以从评价主体、评价内容、评价方法、评价阶段等方面入手，通过优化评价机制来全面展现学生的学习成果，使评价结果更客观。同时，要注意教学评价主要是为了帮助学生查漏补缺并促进学生的进一步学习，因此，要注重评价的多元化，充分发挥评价体系对学生的鼓励和促进作用。

3. 注重提高体育教师的综合素养

翻转课堂的教学模式下，教师依旧是教学过程的核心。教师要充分理解和学习新教学模式的概念，加以实施，并且在实施过程中的各个环节都承担着重要的角色。无论是教学视频的制作与发布，是教学过程的监督，还是教学成果的评价都离不开教师，因此，教师首先要提高个人综合素质，积极学习新技术、新模式，并针对新的教学模式对个人的教学方法做出适应性的调整，实现翻转课堂教学效果的最大化。

在高校体育教学改革深入发展的特殊阶段，在广大体育教师积极投身于高校体育教学改革的今天，依然应该谨慎地对翻转课堂教学模式的不足与优势进行审视，尤其要避免偏离翻转课堂的本质而过度追求形式的情况出现。

（三）翻转课堂在高校体育教学中的应用

1. 翻转课堂的应用价值

当前，翻转课堂在我国的兴起已经成为不争的事实，但对于翻转课堂的价值进行深入探讨似乎还未引起理论层面的重视。为了更好地应用和推广翻转课堂，下面对其在高校体育教学中的核心价值予以探讨：

（1）翻转课堂使高校体育教学与信息技术的有机结合得到实现

在信息化社会的今天，学生的生活方式和学习方式发生了深刻的变化，借助手机、电脑等信息化平台进行学习和交流已经成为日常习惯，为适应学生在行为和习惯上的变化，教学信息化在所难免。

翻转课堂是适应现代社会发展的教学模式产物，是教育和信息技术的充分结合，也是现代科学技术对教育的革新与优化，翻转课堂的教学模式更适合当代学生。这种教学模式使教与学都更自由、更具有灵活性。在这种自由灵活的教学方式下，学生和教师可以积极交流，有利于学生在学习方面的探索，加强课堂与学生之间的黏性，营造出一个有利于学生身心健康发展的学习环境。这不仅有效增进了师生之间的情感，还提高了学生的学习兴趣和自主性，也为体育教师有效组织课中的教学活动奠定了基础，对提高高校体育教学的实效性是非常有利的。

（2）翻转课堂有助于实现高校体育教学的精讲多练

在传统课堂中，教师通常在课上进行知识传授，学生则在课后通过作业和练习来内化这些知识。而在翻转课堂中，这一流程被重新安排：学生在课前通过观看教学视频或其他学习资源完成知识的学习，然后在课堂上通过小组讨论、协作探究、问题解决等形式进行知识的内化和深化。这种模式不仅优化了教学流程，还促进了师生互动和学生的个性化学习。

（3）翻转课堂使高校体育教学要素的优化组合得到实现

翻转课堂在教学模式上的创新与改革主要体现在对教学要素的重新组合以及对教学结构的调整上，通过这种重新组合和调整，转换了教学的主体、优化了教学流程，实现了资源的整合和充分利用，使教学模式更适应时代的发展。传统教学模式是长期教学实践的成果，具有一定的稳定性和广泛的适用性，翻转课堂并没有推翻传统教学模式，而是将传统教学模式的教学要素进行了更适应当代学生特点的调整，通过调整各部分教学要素的占比、结构、流程顺序、展现方式来优化教学过程，这种新的机制为学生创造了更具现代化特点的学习环境，从而提升学习质量。通过翻转课堂的实践我们可以发现，教学过程中教师要善于针对不同的教学情况灵活性地调整，面对教学瓶颈时，基础实质教学要素不变的情况下，可以在教学结构上做积极的调整。

（4）翻转课堂能够促进高校体育教学中素质教育的实施

素质教育的主要目的是对受教育者的综合素质进行全面提高，值得注意的是，综合素质的提升离不开人的全面发展，教育的目的是挖掘学生潜力，培养综合型人才，而不是进行千篇一律的规范性教育。因此，在教育教学的过程中，教师要尊重学生的个性发展，积极帮助学生进行正向的个性培养。

在翻转课堂教学模式应用的过程中，学生的学习目标是统一的，同时，按照学生的具体实际，体育教师可以制定学生的个体目标。通过对在线高校体育教学视频的观看，可以保证学生自主学习的实现，按照学生的学习能力来确定高校体育教学视频的观看次数，按照学生的学习基础来由学生自主选择观看的内容；从反馈问题的层面上来讲，通过在线交流平台，学生能够将学习中的问题随时向教师反映，获得教师的及时教导；从学习评价的层面上来讲，体育教师对于学生进行评价的根据是学生的进步程度，这样的评价模式可以将评价的核心放在学生本身，学生能够直观地感受到自己成长和进步的过程，了解自己的不足，进而不断提升个人水平。显然，翻转课堂更利于学生的身心健康发展以及学习效率的提高。

2. 以翻转课堂构建全新教学模式

常说的高校体育教学模式主要是指在一定的高校体育教学理念、高校体育教学思想的引导与高校体育教学理论的指导下，建立的各种各样高校体育教学活动的基本框架或者基本结构。一般来讲，高校体育教学模式主要包含了多种要素，即高校体育教学理论依据、高校体育教学原则、高校体育教学程序与学习程序、教学资源与实现条件，以及高校体育教学效果评价等。将翻转课堂教学方法引入高校体育教学的全新教学模式具体包括以下几个方面的内容：

（1）高校体育教学的理论依据

翻转课堂是基于“先学后教”的思想基础开展高校体育教学的，这种思想的内涵就是以学促教，将体育教学的主体放在学生身上而非教师掌握主动权，可以让学生充分发挥主观能动性，以自主学习促进教学的开展。学生首先通过视频学习自行消化、理解、吸收知识点内容，其次通过交流、反馈加深对知识点的认知，最后通过实践学习巩固并真正掌握教学内容。这种模式更贴合高校体育教学的特点和训练目标，也更适合当代学生的学习心理和行为习惯，有效提高了学生对于体育的学习兴趣，有利于高校体育教学内容的创新和发展。

（2）高校体育教学的目标与原则

任何教学模式的改革与创新都是为了教学目标更好地实现，翻转课堂的出现和使用，是为了发展更有利于学生认知过程与学习心理过程的高校教学模式。教师应该对高校体育教学内容进行充分理解并整合加工为更符合学生认知习惯的知识点结构，然后以视频等方式呈现出来。翻转课堂下的高校体育教学的教学载体是网络教学平台，教师应确保上传到平台上的教学资料的质量，保证学生能够通过教学资料进行自主学习，这就要求教学资料具有较高的质量并且通俗易懂。另外，高校体育教学还要注意营造良好的学习环境和交流氛围，这样才能保证学生积极充分地就学习内容进行交流，发挥个人的学习主体性作用，进一步巩固所学知识，提升学习能力。

（3）高校体育教学程序与学习程序

将翻转课堂教学方法引入高校体育教学，其主要基础是优质的交互学习社区与视频资源，因此，高校体育教学在教学和学习程序上要充分发挥这种交互式学习的特点，引导学生积极主动地进行学习和交流，营造有利于学生自主学习的网络学习氛围。首先，学生要进行教学内容的初步预习，并观看教学视频加深理解。这一步的学习可以引起学生的探索和学习兴趣，同时，学生在这一步的学习中势必也会产生一些问题，这就需要教师通过平台整理搜集学生的问题。其次，在课堂教学中教师可以针对问题进行重点讲解和示范并给学生预留充分的实践和练习时间，这样可以让学生在问题得到解答之后立刻进行自主体会和深化理解。最后，在整体学习初步完成后，可以让学生进行展示或通过课堂测验等方式，检验学生的学习成果，利用合理的评价机制使学生充分认识到自己对教学内容的掌握情况，并在课下进一步巩固和完善学习效果。

（4）高校体育教学的实现条件和教学资源

网络平台教学模式在近几年被广泛使用，各大高校都在积极进行网络教学平台的引入和发展，网络教学的不断完善是翻转课堂实施的基础。由于这种教学模式在我国高校并未完全成熟，对于高校和教师来说还有很多需要进一步完善的问题，其中最关键的问题就是教学资源不丰富，所以，我国的体育教师应该从体育课程和教学内容出发，自行制作与设计高校体育教学资源。对于高校体育教学内容而言，应集中于制作理论教学内容与动作讲解、演示的视频，以保证体育练习活动的可理解性与课余训练活动的实践性。此外，体育教师在组织学生观看教学视频、开展练习活动和训练活动的同时，要保证在交互社区体育教师能够对于学生的疑惑及时地进行解答、讨论与指导。

（5）高校体育教学效果与评价

教师在翻转课堂模式下主要起到引导和解决问题的作用，因此，在高校体育教学中，教师要充分了解学生的学习进程和学习中遇到的问题，有针对性地查漏补缺，同时要注意因材施教。体育教学不同于其他文化课教学，无论是在教学中，还是在实践中，都要注重“健康”意识的培养，教师和学生都要将“健康第一”充分贯彻，无论是学生的身体健康，还是心理健康都要得到充分的保证，因此，高校体育教学的评价体系就显得尤为重要。体育教学的评价要以积极的导向性为核心，要在鼓励和认可学生学习成果的基础上，让学生认识到现有的问题和不足并不断提升，切忌使学生产生消极情绪和畏难情绪，打击学生学习的积极性。教师要在高校体育教学的过程中关注学生的学习问题和心理状态并及时做出引导和规范，使学生能够感受到体育的魅力，养成健全的、积极向上的人格。合理运用翻转课堂的教学模式进行高校体育教学，有利于培养学生的综合素质，提升学生的自主学习能力、交流合作能力、逻辑思维能力、信息分析整合能力等。

3. 翻转课堂在体育教学中的应用

课前准备：教师可以通过网络平台发布体育理论知识、动作示范视频等学习材料，要求学生自主学习。同时，教师可以设置在线测试或问题解答，以检验学生的学习效果。

课堂活动：在课堂上，教师可以针对学生的学习难点进行重点讲解，并组织学生进行实践操作和互动练习。此外，教师还可以安排小组讨论、角色扮演等活动，提高学生的参与度和合作精神。

即时反馈：教师可以通过在线平台或移动设备即时收集学生的学习反馈，对学生的学习情况进行实时监测和评估。同时，教师可以根据反馈结果及时调整教学策略，以满足学生的学习需求。

4. 翻转课堂在体育教学中的作用

提高运动技能：翻转课堂通过课前自主学习和课堂实践相结合的方式，使学生能够在课堂上更加专注于技能的学习和练习，从而提高运动技能水平。

培养自主学习能力：翻转课堂强调学生的自主学习和主动参与，有利于培养学生的自主学习能力。通过课前自主学习和课堂互动，学生可以逐渐掌握学习方法和技巧，形成自我学习的良好习惯。

激发兴趣：翻转课堂通过提供丰富多样的学习资源和活动形式，激发了学生的学习兴趣和积极性，学生可以根据自己的兴趣和需求选择学习内容和学习方式，从而更好地投入学习中去。

5. 有针对性地实施翻转课堂策略

对于基础较差的学生：教师可以提供更多的基础知识和技能指导，降低学习难度，帮助学生逐步建立学习信心。

对于高水平学生：教师可以设置更具挑战性的学习任务和实践活动，激发学生的求知欲和探索精神。

对于不同年龄段的学生：教师应根据他们的心理特点和认知水平，调整教学内容和方式，确保翻转课堂策略能够真正服务于广大学生。

6. 教师角色转变与素质提升要求

在翻转课堂中，教师的角色发生了根本性的转变。他们需要从知识传授者转变为学生学习活动的引导者、组织者和支持者。为了适应这种转变，教师需要不断提升自身的专业素质和教育能力。具体来说，教师需要具备以下能力：

教学设计能力：能够根据学生的学习需求和兴趣设计合理的课前学习材料和课堂活动。

组织协调能力：能够有效地组织学生进行实践操作和互动练习，确保课堂活动的顺利进行。

沟通协调能力：能够与学生进行良好的沟通和交流，及时了解学生的学习情况和反馈意见。

技术应用能力：能够熟练掌握和运用各种信息技术手段辅助教学活动的开展。

7. 学校及相关部门支持推进翻转课堂的措施

提供必要的技术支持：建设和完善校园网络环境、教学资源库等基础设施，为翻转课堂的实施提供必要的技术支持。

加强师资培训：组织教师参加翻转课堂相关的培训和研讨活动，提高教师的专业素质和教育能力。

鼓励实践创新：鼓励教师积极探索翻转课堂在体育教学中的新模式和新方

法，形成具有特色的翻转课堂教学模式。

加强宣传推广：通过组织公开课、教学展示等形式展示翻转课堂在体育教学中的应用成果，提高广大师生对翻转课堂的认知度和认同感。

通过以上措施的实施，可以进一步推动翻转课堂在体育教育中的普及和应用，提高体育教学质量和效果，为培养更多的优秀体育人才奠定坚实的基础。

第四节　俱乐部教学模式

一、体育教学俱乐部理论

（一）体育教学俱乐部概述

1. 体育教学俱乐部概念的界定

俱乐部起源于欧美，是社会团体及公共娱乐场所的总称。俱乐部一般表现为在一定区域范围内，有着一定关系的人群，开展一系列的活动。俱乐部的成员之间有着一致的利益和共同的爱好，俱乐部使人们交流兴趣爱好更加方便，人们的需求可以在俱乐部中得到满足。

由于体育俱乐部的多样性和复杂性，明晰体育俱乐部的概念显得更加重要。体育俱乐部是一种社会组织，是“人的集合”，是从事体育活动的社会组织，是自发的社会体育组织，是一种由社会兴办的开展体育活动的基层组织。体育管理部门对体育俱乐部的界定为：由企事业单位、社会团体和公民个人利用非政府财政拨款举办的，以开展体育活动为主要内容的基层体育组织。体育俱乐部大体上可分为业余、职业和商业三大类。其中，业余体育俱乐部是一种非营利性的、业余的、自愿的、自治的群众性体育组织。

学校作为一个非营利的实体，应归到业余体育俱乐部这一类别中。体育课程既要突出课堂教学，又要服务于课外活动。学校体育的主要形式是体育教学，以体育俱乐部形式进行教学，应该遵循教学的规律，即在教师指导下，自由选择项目、教师和上课时间。具有共同体育锻炼爱好的大学生基于生理、心理、社会和自我完善等需要，以素质教育、健康教育为目标，以学校体育场馆为依托，围绕着某一运动项目，从大课程观出发，把体育教学、课外体育活动、群体竞赛、运动训练四者有机地融为一体并纳入课程之中，成为一种综合的体育教学形式，即俱乐部体育教学模式。

2. 俱乐部体育教学模式的特点

（1）明确的培养目标和指导思想

俱乐部体育教学模式结合高校体育教学实用性、多样性、社会性、娱乐性的特点，以终身体育为指导，把增强学生体育锻炼意识，掌握体育锻炼技能、方法，养成锻炼习惯，提高身心健康水平及社会适应能力作为教学的出发点和归宿。立足“课内增知，课外强身”的指导思想，体现“以人为本”的教育思想，围绕运动参与目标、运动技能目标、身心健康目标、心理健康目标和社会适应目标开展体育活动。

（2）新颖的教学组织形式

俱乐部体育教学模式打破了年级、专业的限制，按学生需求和水平分层教学，教师按项目分不同级别进行教学，这样既发挥了教师的专项特长，又有利于学生获得最佳的情感体验，符合因材施教的原则，是适宜学生全面发展的教学组织形式。

（3）会员制度

会员制要求学生在交纳一定会费的情况下才能加入俱乐部，享受会员待遇，并以此来维持俱乐部日常的正常运转，这在一定程度上也引导了大学生体育消费价值观的转变。同时，会员制度更有利于教学和管理，提高教学质量。

（4）体育教师的专业特长得到了充分发挥

通过俱乐部进行教学，体育教师能充分发挥自身专项特长，在学生中建立良好的形象，发挥教师在教学中的主导地位，提高教学质量。调查发现，课外单项体育俱乐部或一些体育协会的指导教师都是各个专项中最具说服力的教师，如曾经获得过全国比赛的冠军等，这些教师在学生的心目中具有较高的威信，教师的人格魅力也在吸引着学生参加俱乐部的活动。另外，教师之间也充满竞争性。从选课、择师到择教的机制看，学生的选课、择师完全是动态的，学生对教师的选择也是随机的，学生对教师的满意度是教师考核的主要依据，这样反向要求教师不仅要成为某一项目的专家和权威，还要掌握几种体育运动技能。

（5）学生参与教学与组织管理

俱乐部体育教学模式更注重学生的自主权和参与度，在这种教育模式下，学生能够参与体育教学的组织和管理，不仅在知识学习上有一定的自主权，也能在教学活动的开展中充分发挥个人意愿和能力。让学生进行体育活动的组织和管理可以使体育教学过程更贴合学生的实际需求，在教学活动完成后还可以使学生获得成就感和满足感，激发学生进一步深入学习体育知识、参与体育教学活动的热情。

（6）课内外一体化，拓展体育时空

俱乐部体育教学模式旨在培养学生的兴趣，教师主要进行基础运动知识和技能的讲授，学生首先通过体育教学对运动有了强烈的兴趣，这样在掌握体育运动所需的基本理论后学生就可以在课下进行丰富的拓展，自主开展体育活动，感受竞技体育的乐趣，培养好的运动习惯，营造健康的体育运动氛围。

（二）实施俱乐部体育教学模式的条件

高校体育教学的改革创新要以适应我国高校环境和学生水平为前提，在实施俱乐部教学模式时不能单纯照搬，要结合我国当下教育现状进行优化，首先要对我国的经济、文化等基础条件进行深入的了解；其次要在教学模式的开展中做到因材施教，将体育教学的目光放长远，这样才能优化体育教学的改革。

1. 经济背景

随着我国经济的发展和国家对教育的重视，高校的教育经费也在增加，尤其是体育教育方面，高校对于增强学生体质越来越重视，体育教学的改革和创新有了良好的经济基础。

2. 文化背景

中国有着悠久的历史，这种历史的沉淀和博大精深的文化内涵体现在我国教育的方方面面。教育是国家人才培养的基础，传承和弘扬中华民族优秀文化的根本在于高校教育。高校体育教学要注重传统文化的渗透，注重对学生综合素养和精神内涵的培养，注重对学生的价值观导向，充分发挥我国传统文化的优势，加强学生的文化自信，建立健全中国特色文化在教育中的地位。

3. 自然环境

我国地大物博、疆域辽阔、地形丰富、气候多样。这种丰富的地理自然环境有利于我国体育的多元化发展，同时为开展丰富多彩的体育活动提供了便利的条件。体育活动的进行应以地势、气候等条件为基础，以有利于学生健康和安全为前提合理开展。结合俱乐部体育教学模式，南方高校夏季可以开设游泳、赛艇、龙舟、冲浪等课程，北方高校冬季可以开设冰上、雪上运动等课程。

4. 校园体育文化环境

校园体育文化是指校园文化中与体育文化有直接或间接关系的部分。校园体育文化是影响校园内群体参与、关注体育的一种导向性文化。它形成的动因主要来自校园内学校体育开展的状况、学校体育发展的硬件建设、体育竞赛的水平、参与竞赛的人数、参与者的积极程度等。它能够提高学生对体育的深层次认识、从而牵引其行动上形成体育锻炼的习惯，对学生终身体育锻炼行为的养成起到积极的促进作用。

校园体育文化建设与体育教学俱乐部有着密切的关系。校园体育文化的涵盖面广，不仅包含体育课堂教学和课外体育活动，还体现在学校任何地方，如寝室、食堂等场所开展的体育活动。校园体育文化与俱乐部体育教学模式的结合可以带动学校体育活动的开展，丰富了学生平时的文化业余生活，最重要的是对学生体育习惯及终身体育意识的养成起到了不可磨灭的作用。

二、俱乐部体育教学模式的构建创新

针对我国的经济、文化基础，高校体育教学模式在传统俱乐部教学模式的基础上又有了新的发展。由于我国地域辽阔，经济、技术、文化、教育发展存在着一定的差异，教育模式的引入在我国的各个地区很难保持一致性，因此，高校在开展教育模式改革时也要不断探索和创新，发展适合本地区经济、文化等基础背景的教育模式，在遵循国家体育教学开展大方向的基础上不断深化改革，做出适应性的调整。弹性体育教学俱乐部模式是目前应用最广泛的教学模式，这种教学模式以“健康体育”和“终身体育”作为最终目标，有针对性地改良教育教学过程，动态地适应每个地区的发展现状，有更重要的实践意义。

（一）弹性体育教学俱乐部模式的构建

现实差异、教育理论和课程政策构成了弹性体育教学俱乐部模式构建的主要基础。

1. 现实差异基础

我国在社会环境、经济状况、文化背景、教育条件和水平等方面存在着明显的差异性、特殊性和不平衡性。正是这些差异性、特殊性和不平衡性对体育课程提出了不同要求。弹性体育教学俱乐部模式的构建，必须在各个地区现实的基础上进行认真研究，以切实增强体育课程对地区的适应性。我国不同地区的差异进一步导致了学校之间的差异，甚至同一地区的学校也可能存在着差异性，这些差异主要体现在培养目标、师资构成、场地器材、教学条件和学生的体育基础上。因此，弹性体育教学俱乐部模式的构建，必须考虑到学校的差异，以增强体育课程对学校的适应性。

2. 教育理论基础

课程改革主要就是为了培养身心健康发展的综合型人才。当代教育更注重学生的可持续发展，注重课堂教育和生活实践的结合，将科学世界与生活世界更好地融合，是教育改革的主旋律。因此，当代教育模式要以人为本，充分尊重学生的主体性，培养学生的自主学习能力、思考能力和社会实践能力。弹性体育教学俱乐部模式要注重学生群体之间和学生与教师之间的交互性学习，以学生为主体，以教师为引导，使“教”与“学”和谐发展，在教育教学中形成“主体教育观”，真正做到让学生成为学习的主人，让教育教学为学生成长服务，而不是学生服从于教学。

3. 课程政策基础

体育教学应当遵循学生身心发展的规律，教学内容应当符合教学大纲的要求，符合学生年龄、性别特点和所在地区的地理、气候条件，体育课的教学形式应当灵活多样。学校要注意课程内容对促进学生健康发展的实效性，并注意与中学体育课程内容的衔接。在设计课程时要反映本学科的新进展、新成果；要以人为本，遵循大学生的身心发展规律和兴趣爱好，既要考虑主动适应学生个性发展的需要，也要考虑主动适应社会发展的需要，为学生所用，便于学生课外自学、自练；要弘扬我国民族传统体育，汲取世界优秀体育文化，体现时代性、发展性、民族性和中国特色。

（二）体育教学俱乐部弹性化的含义

弹性化的俱乐部式体育教学是俱乐部教学模式在我国的发展趋势，是一种更适用于我国教学现状的教学模式，这种变化和发展是遵从我国教育教学客观规律的，是一种协调融合的结果。我们只有充分理解体育教学俱乐部弹性化的内涵，才能更好地实施这种教育模式。

1. 发展向度

这是从宏观上对体育教学俱乐部弹性化做出整体性的分析。体育教学俱乐部弹性化作为体育课程发展的一种运动过程，从宏观上体现了体育教学俱乐部课程模式不断完善和发展的动态过程。

2. 项目向度

这是从体育课程编制具体项目向度对体育教学俱乐部弹性化做出局部性的分析。

（1）体育教学俱乐部管理弹性化

体育教学俱乐部管理更加弹性化，实现了“以人为本”的教育理念，使高校体育教学更加民主、更加灵活，促进了体育教学管理模式的多极化发展。

（2）体育教学俱乐部目标弹性化

高校体育教学以“健康第一”“终身体育”作为基本目标，同时要针对不同的地区、学生群体制定细化的教学目标。体育教学俱乐部目标的弹性化更具有针对性，避免了“胡子眉毛一把抓”的教学开展方式，能够实现真正的因材施教、有的放矢。

（3）体育教学俱乐部内容弹性化

高校在做到教学目标弹性化的同时要根据教学目标调整教学内容，结合地区的经济、文化、教育背景充分发挥当地教学特点来选择适合当地的体育教学俱乐部课程内容；不同模式、不同层次的学校可根据本校的办学目标、教学条件、师资情况、学生身体素质等选择相应的课程内容；学生可根据自己的兴趣、爱好选择适合自己的课程内容。

（4）体育教学俱乐部实施弹性化

体育教学俱乐部实施弹性化在一定程度上可以理解为体育教学的弹性化，即教师结合自己的专项，依据学校办学方针、场地设施条件，针对学生的具体情况，选择教学内容，创造性地设计教学活动，灵活性地处理教学过程。

（5）体育教学俱乐部评价弹性化

体育教学俱乐部评价弹性化主要包括以下几点：一是评价主体多元化，即评价的主体不再局限于教师，学生也是评价的主体，如学生的自我评价和对他人的评价；二是评价内容多样化，即评价不再唯一指向学生运动技能的掌握情况，也指向体育教学俱乐部课程本身和教师的教学，还包括学生的出勤率、学习态度、学习能力等；三是评价方式多样化，如评价学生的体育成绩时，除掌握基本运动技能，学生完成自编动作、进行交流讨论等都可作为学习的评价方式。

3. 对象向度

体育教学俱乐部模式的发展是一种对象性的实践活动，对不同体育课程对象而言，体育教学俱乐部弹性化的内涵也不同。

（1）地区

对地区而言，体育教学俱乐部弹性化是指各地区结合当地经济水平、文化背景、体育教育水平，选择具有地方特色的体育项目，形成与学校传统和文化相融合的体育教学特色。

（2）学校

对学校而言，体育教学俱乐部弹性化是指根据学校的办学方针、师资情况、体育场地设施情况等来制定学校的体育课程整体目标和阶段目标，充分利用学校的人、财、物资源，开设尽可能多的运动项目，向学生展示出体育丰富多彩和愉悦身心的魅力。

（3）教师

对教师而言，体育教学俱乐部弹性化在一定程度上等同于体育教师教学活动的创造性。例如，分层教学、分组教学或个别教授的形式照顾学生体育学习的差异；根据学生体育学习水平的层次差异，安排不同程度的体育活动；对学生进行课外辅导，以增强学生体育学习的兴趣。

（4）学生

对学生而言，体育教学俱乐部弹性化是指学生根据自己的能力、需求、兴趣、爱好及已有的知识基础来选择不同的体育课程项目，以适应自身发展的需要。

（三）弹性体育教学俱乐部模式的发展思路

在对现状调查的基础上结合现有体育教学俱乐部模式的成功经验，以上述理论基础为依据，本着整体、系统、综合的设计原则，从管理机制、决策机制、教学机制和具体运作方式四个方面来发展与创新高校体育教学俱乐部模式。

1. 管理机制

弹性体育教学俱乐部模式旨在建立一个有一定伸缩性的体育活动管理制度。

（1）外部管理

制定管理制度涉及学校的方方面面，所以仅靠学校的体育部门去管理是不能解决众多问题和矛盾的，需要学校的各部门共同支持与配合。学校应制定《大学生体育教学俱乐部管理条例》，并使其成为管理基础。在管理条例中要明确体育教学俱乐部的管理方针，加强学校对体育教学俱乐部的宏观管理，同时要寻求校团委、体育部（室）、大学生体育运动委员会、学生工作部等部门参与到体育教学俱乐部的管理中，形成齐抓共管的局面。

对于管理体制、规则制度相对比较健全完善的高校，要强化体育教学俱乐部的管理体制，让学生能够在俱乐部活动中得到锻炼和提高，真正实现“学生积极参与，学校尽力配合”的管理功能，在管理方面真正做到走“自我管理、自我发展、自主运作”的发展道路。

（2）内部管理

由于参加体育教学俱乐部的学生的身体素质及运动水平参差不齐，因此建立健全俱乐部内部的规章制度，加强内部管理是非常有必要的。然而在具体的实施中不能完全依靠学校的管理，要具有一定的灵活性，真正让学生的主体地位在体育教学中得到发挥。但就目前而言，现在还没有一套健全、成熟的俱乐部教学模式的管理体制，各高校应按照自己对俱乐部的理解结合学校的实际情况制定适合自己的管理办法；也不宜照搬国外的管理模式，因为国外的俱乐部管理都是松散的，不符合我国的国情。对此，可以实施弹性管理，充分发挥教师和学生的积极性，提高教学质量。

体育教学俱乐部要建立有效的弹性内部管理机制，制定俱乐部长期有效的管理制度，在规章制度规定的范围内进行俱乐部教学、运动训练和运动竞赛。要抓好俱乐部的内部管理，可从以下三方面着手：

①制定切实可行的弹性管理目标

体育教学俱乐部要制定管理目标，而这个目标是由管理者和会员共同制定的。俱乐部的管理目标要与本地区和本校的实际情况相符合，与学生的实际相符合，目标应具有实用性、可操作性和合理性，同时要具体化。例如，学生会员的出勤率应该达到多少，有的大学规定，学生必须参加体育俱乐部活动并达到 70% 以上的出勤率，才能认定为体育课合格。

②加强人力资源管理

体育教学俱乐部的参与者是学生，各种措施都是围绕提高学生对体育的参与性，充分发挥学生的个性和才能，特别是发挥学生的骨干作用，给学生一个展现自我和发挥的平台，以利于俱乐部的顺利开展。如在比赛中让学生担任裁判等。

③完善激励和约束机制

激励的目的是培养人锐意进取，而约束则是培养人循规蹈矩。在遵循“以人为本”的理念下，引入竞争机制，制定科学的管理制度和措施，奖勤罚懒，奖优罚劣，可以调动学生学习的积极性。对于在不同级别的比赛中取得名次的学生，给予适当的奖励，如给予一定的物质奖励，或课时等考核可适当放宽，只要达到学校规定的考核要求即可；对于参加校队训练的学生，也可放松对其必修课时的要求。例如，某一俱乐部的某位学生参加全国大学生运动会比赛，获得前六名的成绩，其体育课成绩的基数可为 90 分，而对于那些参加训练但没取得名次的，其体育课成绩的基数可为 75 分。对于在俱乐部活动中表现极差的学生会员，要及时批评和教育；对于屡教不改的学生会员要给予相应的纪律处分，并做好其思想工作。

2. 决策机制

（1）经费筹集

俱乐部要正常运作，必须有一定的资金作为保障。学生作为消费群体，不能让他们来承担俱乐部运作的所有费用。为实现教学俱乐部的正常运作，根据各地区高校开展程度的情况，将弹性体育教学俱乐部经费筹措办法总结如下：

①政府拨款

依靠政府投资办学仍是我国体育教学俱乐部运作的最主要方式。高校经费主要来源于国家财政收入，财政收入又与经济发展水平高度相关，因此，国家和地区经济发展水平越高，就越有可能投入更多的教育经费。学校可积极寻求政府的支持，各级政府也可根据客观情况适当增加财政预算，加大对高校体育经费的投入力度。

②筹措体育发展基金

每年学生入学交纳一定数量的资金（根据各高校实际情况而定，成立俱乐部发展基金），各俱乐部可利用这部分经费进行日常开支，当学生毕业离校时，再将这部分资金如数地返还给学生。如新生入学时就每人交纳 100 元的会费作为俱乐部的周转资金，毕业时再退还给他们。若以平均每年招新生 5000 名计算，4 年可收取活动周转资金 200 万元，除去学生大四毕业时退还的 50 万元本金，可实际用于周转的资金为 150 万元。这样就大大减少了学校对体育方面的开支，同时又为俱乐部自身的发展提供了物质保障。

③争取社会赞助

在俱乐部运作过程中，鼓励各俱乐部自己外出寻求赞助或参加各种比赛、表演，利用品牌效应使更多的企业投资于俱乐部的运营，同时，还可积极争取校办企业和校外企业的赞助。企业赞助为高校体育的收入开辟了生路，各俱乐部可以经常代表学校参加各种比赛，对于赞助及比赛奖励所获得的资金，一部分可以用于俱乐部的日常开支，另一部分上缴学校，成为发展基金。

④获取捐赠

捐赠主要是争取校友会、个人、公司和基金会等社会各界的支持。特别是校友捐赠，许多学校的毕业生会根据自己的财力情况慷慨解囊，及时回报母校，为学校的体育事业贡献自己的力量。高校体育俱乐部接受捐赠的形式应多样化，可以是现金捐赠，也可以是实物捐赠。捐赠能够在一定程度上成为与政府投入并列的重要的经费来源，有效地缓解体育经费的紧张。

⑤充分利用学校的场馆、器材

在周末、体育节、体育周或假期，可以向社会开放学校的场馆和器材，积极开拓社会市场，收取的部分费用可用来对俱乐部的场馆、器材进行维修、建设。

⑥创办经济实体

体育教学俱乐部立足于学校，但发展较好的学校还可面向社会创办经济实体，开发体育产业。如为本校师生、员工提供体育器材、服装等，这样既能满足校内广大师生、员工的需求，又可为俱乐部增加收入。

⑦自我融资渠道

学校可合理利用体育场馆设施、体育师资力量等条件，积极兴办各类经营性健身娱乐俱乐部，承接企事业单位、社会团体的各种体育竞赛和文艺演出等活动，促进顾客市场的发展，提高自我融资能力，增加俱乐部的收入。

（2）场地、器材

体育教学俱乐部模式是对场地、器材要求较高的一种课程模式，它的数量、规模和人均比例直接决定学生进行体育锻炼的情况。一些条件较好的学校，体育器材相对多而全，而体育场馆、运动器材设备相对不健全的高校，在开展比较受学生欢迎的项目时，如篮球、网球、羽毛球等，会因为场地、器材的不足，无法满足学生学习的需要，造成“僧多粥少”的局面，进而影响学生的体育兴趣及运动习惯的养成。

对于以上问题，应从下面两个方面着手：

一是高校应从场地器材的循环利用及可持续发展考虑，学校领导应多考虑场馆、器材建设的意义，尽可能地新建场馆和购买器材，为体育教学俱乐部的顺利开展提供条件。

二是学校应在现有条件基础上，加强对体育教学俱乐部场地、器材的建设和管理，挖掘其潜力，做到合理安排利用，结合自身的实际情况，因地制宜，充分发挥场地、器材的作用。修建新场馆需要足够的资金和一定的时间，学校可以采用一馆多用、一场多用、一物多用的办法，尽量提高现有场馆的利用率，如，篮球场既可用作排球场也可用作羽毛球场；栏架可以用来跨栏，也可以用作足球球门，还可以用作钻越的障碍等。另外，在项目选择上，可以优先选择一些对场地要求不高的项目，如，毽球只要有一块空地就可以了；羽毛球只要不是有风季节，在平地便可上课。

（3）教师队伍建设

为了适应俱乐部体育教学的需要，必须有计划、有步骤地搞好俱乐部教师的继续教育工作，体育教师要不断地进修学习，丰富自己的教学内容和教学模式，积极利用各种信息渠道，吸取新的知识、理论，学习与体育俱乐部有关的知识，以保证体育教学俱乐部在高校的顺利实施。为更好地完善俱乐部的教师队伍建设，体育部门可从以下几方面着手：

①加强教师对体育教学俱乐部的认识

高素质的教师队伍是高校实施俱乐部体育教学的重要保证，这支队伍不仅要对体育教学俱乐部有着深刻的认识与理解，还要有强烈的敬业精神和过硬的专业技术。经过调查发现，部分体育教师对体育教学俱乐部知之甚少，有些已开展的体育俱乐部本质上仍是传统的体育课程模式，只是换了一个名称罢了，这显然阻碍了高校体育教学改革的进程。可以通过对体育教师的职后培训，提高他们对体育教学俱乐部的了解、认识，转变其教学思想和理念，顺应时代的发展和学生的体育需求。可见，体育教学俱乐部对教师提出的要求越来越高，体育教师要一专多能，不但要对自己最擅长的运动项目颇有研究，还要掌握专项外两个以上的项目，从而满足学校体育教学和学生课外体育锻炼的需要。

②完善师资配置

体育教学俱乐部在引进人才的过程中一定要注意数量和质量的有效结合，在年龄结构、职称结构、学位结构、专业结构方面都要有较为合理的构成，使俱乐部的教师在数量和质量上能满足教学的需要，具备体育教学俱乐部任教的资格。但从实际调查情况来看，教师的年龄、学历、职称、专业等都存在着不平衡。因此，各高校应根据自己学校的实际情况，不断地完善体育师资配置，要特别重视对在职人员的考核，引入竞争机制，实行动态管理。同时，为满足学校各项体育工作的需要，体育教师的师资一般应形成梯次、互补、实用型的复合结构。

体育教师的数量要满足体育教学俱乐部课程教学的需要。体育教学俱乐部课程教学不仅仅是课堂教学，还包括学生的课外体育锻炼、运动训练和运动竞赛。特别是业余训练要由专门从事该项活动的体育教练来担任。在课堂教学师资的配备上，一位高校体育教师上课课时一般以每周 12 节课左右为宜。

在课外体育锻炼和运动竞赛的配备上，可充分利用体育课堂教学的教师资源，督促这些体育教师担任业余指导。

在运动训练教师的配备上，一般一个学校有 3～5 个训练队，配备教练时，田径和游泳项目的教练通常要 4 人左右，其他项目 1～2 人。一个训练队每周训练 3～6 次，每次 2 个课时。按此计算，一个学校训练队的教练员配备应该在 6～10 人。按以上结果计算，在校学生 10 000 人，体育教师应该维持在 35～45 人。考虑到学校实际情况，若在编人员没有那么充足，还可以外聘教师来满足体育教学和运动训练的需要。这部分外聘的教师可以是退休的专业教练、优秀运动员、外校的体育教师。

体育教师的结构要满足体育教学俱乐部课程教学的需要。在年龄结构中，教师队伍中应有老、中、青人群，年龄呈梯队层次。青年教师可以凭借年轻力壮有闯劲，多做事、多实践；中老年教师凭借阅历丰富，可多向年轻教师传授教学经验，指导他们工作。在学历结构中，硕士及以上学位的体育教师数量应适当增多。在项目结构中，教师队伍应掌握多个体育项目，如传统体育项目武术、篮球、排球、乒乓球、足球、田径等；时尚体育项目健美操、体育舞蹈、健身运动、网球、跆拳道、防身术等；新兴体育项目定向越野、户外运动、蹦极、攀岩等。在知识结构中，可聘请不同院校毕业的教师，使知识结构呈互补型。各个体育大学或体育学院，由于培养方向不同、课程设置不同、学习背景不同、教学模式各异，在知识结构上也有差异。同一学科来自不同院校的毕业生也能带来不同的信息，可以优势互补，各取所长，相得益彰。对于职称结构，教师队伍中应具有助教、讲师、副教授、教授等多种职称人才，并搭配合理。在性别结构上，教师队伍的性别比例应与上课学生性别比例基本相等。

③强化教师的职后教育

强化教师的职后教育，是快速提高师资队伍整体素质的有效途径。在实施体育教学俱乐部的过程中，应使教师不断地学习、进修，不断地提高自身的业务水平（包括课堂教学能力、组织活动能力、业余训练能力、科研能力等），逐步提高学历水平，从而提高俱乐部教师的整体水平，以便更好地促进体育教学俱乐部的发展。对于教师的培训工作，无论从时间安排还是资金扶持方面均应给予实质上的帮助。同时，应从制度上使教师们在业务上求新求变，不断进取。

体育教学俱乐部教师的职后教育的形式要多样。岗前培训、研究生学历补偿教育、高级研修班、高级研讨班、高级访问学者等都可以成为体育教学俱乐部教师培训的主要形式。

学校要健全落实教师继续教育制度，对于俱乐部教师职后教育的方法主要有四种：一是在职培训，可以通过参加各种俱乐部进修班、短训班，参加俱乐部岗前培训、助教班，参加高级研讨班、中青年学科带头人研修班，申请国内外高级访问学者等来实现；二是脱产进修培训，送教师到高校攻读硕士或博士学位，提高学历层次；三是加强对中青年教师进行教学业务指导，以老带新，组织青年教师参加岗前培训和业务水平；四是个人自修学习。教师可在工作中选定体育科学研究方向进行定向研究，这是体育教师自修学习的一种方式。

加大对年轻教师的培训力度，努力挖掘年轻教师的教学与科研潜力，新教师进来后即着手进行培养，指定富有经验的老教师帮助其尽快适应工作环境、熟悉工作特点，过好教学关，从备课能力、专项技能、授课技巧等方面予以培养。在有经验教师的带动和鼓励下，让年轻教师在不断发展的高校体育事业中积累经验，逐渐成长并成熟，使之在教学与科研上逐步起到主导作用。对于他们做出的成绩要及时给予肯定，实行鼓励政策。

3. 教学机制

（1）指导思想

①宏观指导思想

要遵循体育学科自身的特点和大学生身心发展规律，突出素质教育，以学生的健康发展为中心，以体育教学和群体活动为基础，全面推进学校学生体育工作。体育教学俱乐部将确立全面育人、健康第一、终身体育和身心协调发展的指导思想，追求体育教育的综合性和终身性。

②具体指导思想

大学体育课程应包括体育课堂教学、课外体育活动和校园体育文化氛围三部分，将大学体育教育延伸到高等教育的全过程，要将体育课堂教学显性课程与课外体育隐性课程作为整体来考虑。以体育教学俱乐部为中心和主线，鼓励学生参加体育活动，在体育实践中增强体质，掌握 1~2 项运动技能，体验运动的乐趣，培养自我锻炼的能力，养成锻炼的习惯，为终身体育打下良好的基础。

（2）目标体系

①课程总目标

高校应结合自身的实际情况，确定体育教学俱乐部的基本目标和发展目标。弹性体育教学俱乐部的目标有“弹性区间”，这既是顾及地区间经济水平、教育水平，不同学校培养目标、师资力量和教学设备的区别，以及学生在体育知识、技能、身体素质上存在的差异，也是考虑到期望目标与实际结果之间可能出现的差异。基本目标是根据大多数学生的基本要求而确定的，反映了体育目标的强制性；而发展目标则是针对部分学有所长和学有余力的学生确定的，体现了课程目标的自由度。

针对学生的基本目标具体表述如下：

运动参与目标：积极参与各种体育活动，每周 2~3 次，基本形成自觉锻炼的习惯和终身体育意识，能够编制可行的个人锻炼计划，具有一定的体育文化欣赏能力。

运动技能目标：熟练掌握一到两项健身运动的基本方法和技能，形成专项运动特长；能科学地进行体育锻炼，提高自己的运动能力；能简单处理常见的运动损伤。

身体健康目标：能简单测试和评价体质健康各项指标，掌握有效的锻炼方法；养成健康习惯；合理选择营养食物；具有健康的体魄。

心理健康目标：自觉通过体育活动改善心理状况，形成健全的人格，养成积极乐观的生活态度；运用适宜的方法调节自己的情绪；体验运动的乐趣。

社会适应目标：表现出良好的体育道德和合作精神；具备适应各类竞争的能力以及适应自我身心变化的能力。

②发展目标

发展目标是针对部分学有所长和学有余力的学生而确定的，也可作为大多数学生的努力目标，一般分为五个领域的目标：

运动参与目标：形成主动锻炼习惯；能独立制订适合自身的健身运动处方；具有较高的体育文化素养。

运动技能目标：科学主动地提高运动技术水平，在某个运动项目上达到或相当于国家等级运动员水平；能够进行该项运动的竞赛组织工作；能参加富有挑战性的野外活动。

身体健康目标：能选择适宜运动的环境，全面发展体能；掌握评价自身健康状况的方法和手段，并能有针对性地进行自我监督。

心理健康目标：在具有挑战性的运动环境中表现出勇敢顽强的意志品质；掌握评价自我心理状况的方法和手段，并能进行有针对性的调整和养护。

社会适应目标：形成良好的行为习惯，主动关心他人；能够根据不同的环境变化及时地进行自我调整，以维护身心健康。

③阶段目标

体育教学的最终目标是“教是为了不教”。大学体育中无论是体育教学还是课外体育活动，学生都经历从不能独立到逐步独立再到完全独立的过程，年级越高，学生独立进行体育活动的能力越强，而教师的作用则在慢慢地弱化。体育教学俱乐部的阶段目标应该包括近期目标和长远目标两个方面：掌握运动技能，培养体育态度和习惯，强化终身体育意识，即学生要完成“要我健身”—“我要健身”—“我会健身”过程的转变。

（3）教学大纲

教学大纲的弹性化，是指各实施体育教学俱乐部的普通高校在全国统一教学大纲的指导下，结合学校的培养方向、学生和学校的发展需求以及学校的具体条件和实际特点，如学校情况、学生情况、体育教学条件（包括场地、设备、器材等物资环境）、校园文化背景、体育氛围以及学生的生源背景（包括学生来源和不同学生的职业准备等特点）等，每个项目设置高级、中级、初级三个级别，编制每个级别的教学大纲。另外，要充分认识高校体育与中学体育的衔接问题，以及为学生终身体育打基础这一实际需要等问题。

（4）教学内容

教学内容弹性化，是指不同地区可根据当地的经济水平、文化背景、教育状况选择适合当地的体育课程内容，不同模式、办学层次的学校可根据本校的办学方针、教学设备条件、师资情况、学生特点等建立适合本校发展的体育课程内容体系。可以在原来“三自主”的选课模式上，实行“适度弹性选授课”制度，即教师可以根据学生的实际需求，在不违背教学指导纲要原则的前提下，只要能完成规定的教学任务，只要场地器材条件允许，就穿插安排一些学生喜闻乐见、乐于参与的趣味性活动，给教师和学生一定的选择和教授的自主权。

在今后的俱乐部教学中，体育教学内容应从“以运动技术为中心”向“以体育方法、体育动机、体育经验为中心”转移，建立围绕以人为本、淡化竞技、注重健身、增强体育意识、发展学生个性、培养体育能力、养成锻炼习惯为中心的新的内容体系。具体的教学内容将根据社会的发展、学生个体的需要及学校的教学条件进行大幅调整，如竞技运动教材化，改进非竞技运动项目，充实和丰富有关趣味性、娱乐性、健身性、健康性、集体性教材的比重和基础知识的教学内容。学校可多选择学生感兴趣的、有利于今后能自我进行锻炼的、对终身增强体质有实用价值的、易于开展的项目，如健身气功、太极拳、长拳、健美操、体育舞蹈、羽毛球、乒乓球、篮球、排球、足球等。另外，课外除开设与课内教学有关的项目，还可以选择一些休闲类、娱乐类的项目，作为课内体育的拓展，如定向越野、野外生存训练等。适当加大民族传统体育项目和学校传统体育的比重，以促进提高学生的体育文化素养，继承和弘扬中华民族优秀的传统文化。

（5）教学组织形式

教学组织形式的弹性化，在于它能够根据学生的水平、差异等特点来安排体育教学。教学组织形式的合理运用，既有助于大幅提高教学质量，也有利于学生个性和情感的培养。

①打破年级班组问题

对于体育教学俱乐部的课堂教学组织形式，学术界也是争论不一，大部分专家比较倾向于分年级上课。不同年级的学生在身体、心理方面都有一定的差别，如果打破年级班组上课，教师安排教学内容和运用教学模式时会有一定的困难。另外，教师的能力和上课时间有限，不可能对每个学生的指导都面面俱到，这会对教学质量会造成一定程度的影响。不过不分年级进行教学也有很多的优越性，由于身体、心理和接受知识的能力不同，学习动作相对快一些的高年级学生，自然就会起到表率的作用，可以帮助低年级中学习动作相对较慢的学生，有利于教师培养体育骨干。当然，低年级学生为了弥补差距，也会努力提高自身素质，形成一种互帮互学的学习氛围。

②男女生合分班问题

关于男女生合班还是分班上课的问题，学术界仍在争论，各有各的说法。男女生合班与分班各有利弊，就合班而言，从社会学角度看还是利大于弊，使体育教学更加人性化。不同的运动项目具有不同的特点，有些项目适宜采取男女合班上课，如体育舞蹈（本来就是男女搭配进行的项目）、野外生存等，通过男女生之间的交往，调动他们的主观能动性，再加上教师的合理组织与安排，教学效果比较明显。有些要考虑性别差异、体质强弱的项目，则应该采取男女分班上课，如球类项目、田径等。对于这些技术性、身体素质要求较高的项目而言，教师不用因体质强弱差异而必须花费更多的时间来照顾女生，否则会影响男生学习的积极性。采取合班上课还是分班上课，要根据各高校的实际情况和运动项目的特点来实行。

③分层教学问题

由于遗传因素、家庭条件及社会环境等因素的影响，学生在发展过程中存在着不同的生理、心理及个体差异，这种差异性是客观存在的。分层教学意在引导学生选择适合本人特点的课程，进一步在体育课程中实现因材施教，提高课程的实际效果。

所谓分层教学是指根据学生的认知能力和掌握能力，教师在安排课堂教学内容，运用教学手段、教学模式时根据学生实际学习的可能性，分层讲授、分层指导、分层评价，使每个学生都能在原有的基础上得到完善和提高。这样可以使学生在不同层次中求发展，使全体学生都能在原有的基础上，充分发挥自己的潜能而达到最大的发展。

各高校体育教学俱乐部应根据自己的实际情况适时地采用分层教学。具体操作可按以下方式进行：各教学俱乐部课程分为高级班、中级班、初级班三个层次。高级班目标高，要求高，内容多，进度快。这一层次主要针对有一定体育实践能力和身体素质好的学生。中级班目标适当，内容适中。这一层次主要针对有一定体育基础、身体素质较好的学生。初级班进度慢，重基础，多重复，常反馈。这一层次主要针对体育基础差的学生。每一级教学层次都有相应的教学大纲、教学要求和教师自己特定的课堂教学模式。在教学内容上，三个层次之间不是相关知识的简单拼凑，而是根据不同层次学生运动水平的要求，设计出不同层次的教学目标与要求。在具体实施的过程中可采用升降级制，如果学生在该层次上已经达到了要求，可随时到更高级别的俱乐部进行学习，但如果学生在该级别上学习越来越困难，则应将其退到低一级的层次上。这样教师在组织教学时，就可以从内容和要求水准方面有所区分，从而引导和激励学生在原有的水平上有更大程度的提高。

（6）评价体系

应针对不同地区、不同学校、不同评价对象的特殊情况，确立不同的发展目标和评价标准，使课程评价标准弹性化，成绩考评标准全面化，既要客观准确体现学生的个体差异，又能反映学生通过体育课学习所取得的进步。

在俱乐部的教学评价指标上，建议实行绝对评价指标和弹性评价指标相结合的评分方法。对学习效果进行绝对评价，要求标准要制定得比较客观，能够反映学习效果与客观标准之间的差距。弹性评价指标是指以考试内容要求、标准为基点，根据学生的个体差异，就某个项目的起点等进行成绩进步幅度的评价。弹性评价指标能反映出学生的个体差异、个人的努力程度及进步状况。

在俱乐部教学的评价方法上，应该重视原有基础与学习过程，采用多维评价。建立标准评价模式和参照评价模式的评价指标体系进行多维评价，能够反映学生体育学习过程和结果。在掌握基本运动技能的基础上，适当增加学生出勤率、学习态度、学习能力及自评、同学互评等内容。各高校可根据本校的实际情况弹性地安排各个指标所占的比例。针对在高级俱乐部学习的学生，相当于校级代表队，还可以采用“以赛代教”的考核模式。如以参加俱乐部联赛的形式进行考核，其成绩评分标准是俱乐部联赛成绩的 50%。由于采用比赛的模式进行评价，因此实践部分就可以不进行技术考核，采用学生自评、学生间互评各占 20% 和教师评价占 30% 的综合评价体系。

4. 具体运作方式

弹性体育教学俱乐部模式的教学与辅导具体包含以下内容：

（1）项目设置

体育课程项目的设置应从学生身心特点出发，强调课程内容的多样性和弹性化，加大教材选择的余地，加强体育教学内容与社会和生活的紧密联系，灵活性要强。同时应注重体育课程内容的乡土化和民族化，地方性和民族性的体育项目在体育教学内容中应占有一定的比例。项目设置应以学生对体育锻炼的需要而编制，要力求贴近学生未来的职业生活，以适应社会发展的需要。其体系应从健身、娱乐休闲等角度加以考虑，多选择一些难度小、易开展、趣味性强、融健康娱乐休闲于一身的项目。大学体育理论课程的设置要与大学生心理特点、知识结构和智能发展相适应，应注重向学生传授人体科学、人体保健、康复知识、体育欣赏、体育心理、运动处方设计、运动锻炼效果的评价及运动医务监督等内容。在项目设置方面，各普通高校可根据本校的师资力量和场馆、器材的实际状况进行弹性安排。

（2）实践课上课形式

体育教学俱乐部是以学生自己练习为主，以教师指导为辅的教学形式，教师由原来的传授者变成了组织者和辅导者。教学的基本形式有：教师依据学期教学计划，根据学生的实际情况，制订以“教学模块”为单元的教学计划，灵活地实施教学进程。一般地，学生除必须参加体育课的辅导学习，每周还应至少参加俱乐部活动 1～2 次。在教学过程中，教师应采取集中教学、分组教学以及个别辅导相结合的教学形式，并可采用以赛代练、以赛促练的方式进行，以不断提高和巩固学生对该项目的兴趣，促进他们对运动技术和技能的掌握，实现课内外一体化。教学的基本组织形式由各个学校根据本校的实际情况来定。

（3）理论课上课形式

要重视体育理论教育，突出对学生终身受益的体育科学知识的传授和体育锻炼意识的培养，注重理论与实践相结合。建议开设与专项相关的讲座课；在校园体育网页中开辟体育理论教学专栏，充分利用现代教学手段，实现体育网络教学。在网站中设置各运动项目的技战术视频和高水平比赛视频，以利于学生根据爱好和需要选择收看，培养学生的体育欣赏能力和审美能力。同时，注重学生自学能力的培养，让学生通过查阅资料（报纸、杂志、网络及体育教材和参考书）自学。通过对学生体育锻炼兴趣的培养，让他们积极主动地参加体育锻炼，提高学习效率。

（4）弹性化课外体育锻炼管理

将弹性管理这一管理方式运用到课外体育锻炼中去，使学生在统一要求下，有更多的空间进行选择和管理，更好地发挥课外体育锻炼的实效性。高校课外体育的开展就是满足学生对体育的多方面需求，它是体育教学俱乐部的补充和延伸，是体育教学俱乐部的重要组成部分。经过查阅资料，结合我国各地区高校的实际情况，尝试性地就课外体育活动形式问题做如下探讨：

①课外体育活动开展方式

课外体育俱乐部是课堂教学的延续，要想真正提高体育教学质量和学生的身体素质，仅抓好课堂教学是远远不够的。根据体育课内外相结合的原则，组织课外体育活动，开设与课内体育教学俱乐部相对应的各单项体育俱乐部，体育俱乐部教练必须由专职体育教师担任，除正常教学课外，还要抽出一定的时间对课外俱乐部进行弹性辅导（每周固定时间进行2～3次专项教师对俱乐部活动进行的弹性辅导）。

②课外体育锻炼课程的内容

课外锻炼内容包括自主性锻炼、单项俱乐部、体育竞赛三个部分，在自主性锻炼中学生的选择空间极大，可完全根据自身的现状来自主选择与调整进行课外体育锻炼的时间与活动内容；各单项俱乐部是体育课堂内容的延伸，根据学生课堂上所选的项目，课下通过选择相应的俱乐部来实现；体育竞赛可在不同时期安排各种体育竞赛活动。

③课外体育锻炼课程的评价

对学生参加课外体育锻炼课程的评价，是将学生参加课外体育活动的次数和活动的时间作为评价依据。学生可自主选择上述各种形式的活动，参加活动的形式不限，但次数可以累计计算，且每天只计算 1 次，每次需在 30 分钟以上。要求学生在有体育课的学期至少完成 36 次课外体育锻炼，无体育课的学期至少完成 72 次课外体育锻炼，并将锻炼次数与体育学分的获得和学生评优、获奖等挂勾。另外，学生参加课外体育活动的自由是有一定限制的自由，即学生可以自主进行课外体育活动锻炼，但是必须保证一周内除体育教学，参加俱乐部教学相关的课外体育俱乐部至少 1 次，每次不少于 60 分钟。参加课外体育活动次数的限定是体育课成绩的一部分，为了有效控制学生的锻炼情况，可以采取锻炼打卡的形式，学生在每次课外体育锻炼之前刷一次卡，锻炼结束时再刷一次卡，卡上就会自动记录学生参加课外体育活动的日期和运动时间（30 分钟以内记录成绩为零，30 分钟以上才可以记录成绩）。学期末锻炼卡上交体育部，用计算机进行统计并计入体育课总成绩中。

学生学期体育成绩因课外体育锻炼未达标而不合格者，该生可以在下一学期补上课外体育锻炼的时间，但补上的锻炼时间不计为该学期的体育成绩。对于下学期的锻炼时间可适当地减少，也可以通过体育训练、竞赛来代替。如参加比赛，那么可以拿比赛前的训练来抵消课外锻炼的时间和次数限制。对于课外体育锻炼的方式还可以通过辅导员负责制来实现。在辅导员的带领与监督下，保证了锻炼次数，当然锻炼时间也会增加，学生锻炼的习惯也会慢慢地养成。这样就充分发挥了体育教学俱乐部的功能和作用，保证了学生能够真正做到四年体育锻炼不间断。

5. 应用实例

足球俱乐部：通过建立足球俱乐部，提供足球技能培训、比赛交流和团队文化建设等活动，让学生在轻松愉快的氛围中提高足球技能水平。

篮球俱乐部：通过组织篮球俱乐部活动，包括基础训练、技术提升、战术学习和比赛实战等，培养学生的篮球技能和团队协作能力。

游泳俱乐部：为学生提供专业的游泳培训、水上活动和健康讲座等服务，帮助学生掌握游泳技能，同时提高身体素质和健康水平。

6. 成效分析

通过俱乐部教学模式的实施，学生在运动技能和兴趣培养方面取得了显著成效。一方面，学生在自主选择俱乐部后，对所选项目产生浓厚兴趣，积极参与训练和比赛，技能水平得到明显提升；另一方面，俱乐部教学模式注重个性化教学和多元化评价，使学生能够在轻松愉快的氛围中感受到运动的乐趣和成就感。

7. 运动损伤预防

在俱乐部管理模式下，确保学生安全和预防运动损伤至关重要。以下是一些有效措施：

加强安全教育：定期组织学生进行安全教育培训，提高学生对运动损伤的认知和防范意识。

合理安排训练负荷：根据学生的年龄、性别和体能状况等个体差异，合理安排训练负荷和强度，避免过度训练导致的运动损伤。

提供专业指导：聘请具有丰富经验和专业资质的教练或教师担任俱乐部指导教师，为学生提供专业的指导和帮助。

加强场地设施管理：定期对场地设施进行检查和维护，确保场地设施的安全性和合规性，同时，加强场地设施的日常管理和维护，为学生提供安全、舒适的训练环境。

8. 推广和应用建议与展望

为了推动俱乐部教学模式在体育领域的广泛推广和应用，提出以下建议：

政策支持：政府应加大对俱乐部教学模式的支持力度，制定相关政策和措施，鼓励学校和社会各界积极参与俱乐部的建设和管理。

宣传推广：通过各种渠道加强俱乐部教学模式的宣传和推广，提高广大师生和社会各界对俱乐部教学模式的认知度和认同感。

资源整合：加强校内外体育资源的整合和共享，为俱乐部教学模式的实施提供有力保障。同时，加强俱乐部之间的合作与交流，促进资源共享和优势互补。

持续改进：不断完善俱乐部教学模式的管理体系和运行机制，加强对俱乐部教学活动的监管和评估。同时，鼓励教师积极探索创新俱乐部教学模式的方法和手段，推动俱乐部教学模式的持续发展。

展望未来，俱乐部教学模式将在体育领域发挥越来越重要的作用。随着社会的不断进步和人们对健康生活的追求，体育俱乐部将成为人们追求健康生活的重要方式之一。因此，加强俱乐部教学模式的研究和推广具有重要的现实意义和深远的发展前景。

参考文献

[1] 任翔，张通，刘征．高校体育教学模式创新研究与实践 [M]. 沈阳：辽宁人民出版社，2023.
[2] 史健，王凯，张强．大学在线体育教学研究 [M]. 北京：中国商业出版社，2021.
[3] 张亚平，杨龙，杜利军．高校体育教学理念及模式创新研究 [M]. 北京：中国商业出版社，2022.
[4] 鹿道叶．高校研究 [M]. 西安：西安交通大学出版社，2022.
[5] 于海，张宁宁，骆奥．高校体育教学与训练实践研究 [M]. 长春：吉林人民出版社，2021.
[6] 谢宾，王新光，时春梅．高校体育教学与运动训练研究 [M]. 长春：吉林人民出版社，2021.
[7] 田应娟．当代高校体育教学改革创新与发展 [M]. 长春：吉林人民出版社，2021.
[8] 刘景堂．高校体育教学改革研究 [M]. 北京：中国纺织出版社，2019.
[9] 夏越．现代高校体育教学研究 [M]. 北京：北京理工大学出版社，2019.
[10] 陈泽刚．高校体育教学改革创新与发展研究 [M]. 长春：吉林出版集团股份有限公司，2020.
[11] 杨奕．互联网 + 背景下高校体育教学混合学习方法探析 [J]. 湖北开放职业学院学报，2023，36（17）：165-167.
[12] 高峰，刘阳，吴印林．新时代背景下高校体育教学模式创新研究——评《高校体育教学翻转课堂模式构建研究》[J]. 应用化工，2023，52（8）：2506.

[13] 王梓城，梁四海 . 数字媒介融合视域下高校体育教学发展研究 [J]. 辽宁体育科技，2023，45（4）：136-140.
[14] 张杨生 . 互联网 + 背景下高校体育教学研究与创新 [J]. 湖北开放职业学院学报，2023，36（12）：21-23.
[15] 杨培生 . 基于"互联网 +"的高校体育教学混合模式研究 [J]. 湖北开放职业学院学报，2023，36（11）：190-192.
[16] 黄平林，易志成，黄玛莉 . 体育强国思想背景下的高校体育教学路径探讨 [J]. 当代体育科技，2023，13（15）：81-84.
[17] 唐海欧 . 现代体育教学理论、教学理念以及教学技术的创新性探索——评《新时代高校体育教学理论解析与模式创新研究》[J]. 教育发展研究，2023，43（10）：85.
[18] 陈玉容 . 体育俱乐部模式融入高校体育教学的路径探究 [J]. 当代体育科技，2023，13（10）：66-69.
[19] 杨华华，赵验生 . 现代信息技术在高校体育教学中的运用研究 [J]. 体育师友，2022，45（5）：50-52.
[20] 黄平林，易志成，黄玛莉 . 体育强国思想背景下的高校体育教学路径探讨 [J]. 当代体育科技，2023，13（15）：81-84.
[21] 王祖冬 . 普通高校体育专业术科课堂教学评价指标体系构建 [D]. 大连：辽宁师范大学，2023.
[22] 祖儿 ."四位一体"学校体育目标引领下高校体育舞蹈选修课教学优化研究 [D]. 南京：南京体育学院，2023.
[23] 曾子芮 . 师范专业认证下四川省高校体育教育专业学生教学能力培养研究 [D]. 成都：成都体育学院，2023.
[24] 孙蕴芳 . 高校体育专业理论课课程思政教学评价指标体系构建及应用研究 [D]. 天津：天津体育学院，2023.
[25] 黑浩源 .BOPPPS 模型在高校体育公共课在线教学的应用研究 [D]. 长春：吉林大学，2023.
[26] 张迪 . 普通高校体育教育专业《田径运动》课程教学质量评价体系的构建研究 [D]. 济南：山东师范大学，2023.

[27] 蔡欣然 . 智慧课堂教学模式在普通高校体育舞蹈选项课中的应用研究 [D]. 石家庄：河北师范大学，2022.

[28] 吕晓盈 . 具身认知理论下河南省高校体育师范生教学技能提升策略研究 [D]. 开封：河南大学，2022.

[29] 曾庆玲 ."MOOC+ 翻转课堂"在高校体育舞蹈公共课教学中的应用研究 [D]. 阜阳：阜阳师范大学，2022.

[30] 陈瑞琪 . 深度学习视域下高校体育教学自主—合作—探究教学模式构建及实证研究 [D]. 南昌：江西科技师范大学，2022.